SIMON BENNE
ALS DER FRIEDEN NACH HANNOVER KAM

Hannoversche Allgemeine HAZ

LIEBE LESERINNEN, LIEBE LESER,

wann endet ein Krieg? Mit dem letzten Schuss? Mit dem offiziellen Waffenstillstand oder einem Vertragsschluss? Vielleicht auch. Für die Menschen jedoch, die einen Krieg unmittelbar führen oder erleiden (nicht immer kann man das so ganz genau trennen), endet dieser ganz langsam. Und für manche nie. Es dauert, bis sich das Chaos eines Krieges auflöst – das gilt sowohl ganz praktisch in zerstörten Städten und zerfurchten Familien als auch für den Wandel im Herzen der Menschen. „Nie wieder Krieg " hieß es lange Zeit im Nachkriegsdeutschland. Die Nation wusste, warum sie so fühlte.

Hannover hat im Zweiten Weltkrieg, von dessen Ende dieser Band erzählt, unendlich viel Leid erfahren. Die Stadt hat so viel von ihrem Leben eingebüßt, dass manche sogar überlegten, sie am alten Platz ganz aufzugeben und am Deister neu anzufangen. Heute erscheint das so absurd wie der der ganze Krieg selbst. Der Grund ist leicht zu erkennen: Die alten und unzählige neue Hannoveraner haben unmittelbar nach dem Ende des großen Mordens angepackt. Ein neues Hannover ist entstanden, an der Spitze eines neuen Landes Niedersachsen.

Wie das ging, was die Menschen vor 70 Jahren bewegt haben und was sie bewegt hat – davon erzählen sie hier. Oft aus der ungewöhnlichen, ganz unverstellten Perspektive der Kinder, die heutige Zeitzeugen damals waren. HAZ-Redakteur Simon Benne hat wahre Berge von Erinnerungen zusammengetragen; nicht alles hat Platz in diesem Buch gefunden. Dennoch zeigt es eindrucksvoll, wie das Leben nach dem Krieg weiterging: not-wendig im Wortsinn. Mit der gewaltigen Kraft, die nur der Frieden freisetzt. Es ist gut, von Zeit zu Zeit daran zu erinnern.

Herzlichst, Ihr

Hendrik Brandt
Chefredakteur Hannoversche Allgemeine Zeitung

Inhaltsverzeichnis

DER EINMARSCH

6 Die Amerikaner brachten Kaugummis mit

14 Die Plünderungen: „Das Wildeste, was wir im Krieg gesehen haben"

DIE BRITEN

18 Wie aus Besatzern Freunde wurden

26 Das Chaos: „Ein dunkler, furchterregender Platz"

DIE TRÜMMER

30 „Hannover glich einer Wunde im Erdreich"

38 Das Räumen: Wohin nur mit den ganzen Trümmern?

DER HUNGER

42 „Wir schliefen nicht, so knurrte uns der Magen"

50 Der Schwarzmarkt: Ein Pfund Butter für 250 Mark

DIE KULTUR

54 Mit einem Brikett ging es in die Oper

62 Die Liebe: In den Ruinen entspann sich ein reges Sexleben

DIE VERTRIEBENEN

66 Flüchtlingskinder mussten betteln gehen

74 Die Lager: „Wir stehen vor einer Katastrophe des Elends"

DIE WIRTSCHAFT

78 Ohne Kohle läuft es nicht

86 Die Verwaltung: Das Rathaus war fest in englischer Hand

DIE SCHULE

90 Als die große Pause zu Ende ging

98 Die Entnazifizierung: Ein Bogen und viele offene Fragen

DAS WEIHNACHTSFEST

102 So viel Weihnachten war nie

110 Die Winterkälte: Als Kohlenklauen Volkssport war

114 Foto- und Literaturverzeichnis

„Die Amis sind soeben eingetroffen": Am 10. April 1945 rollten US-Panzer über die Limmerstraße.

DER EINMARSCH

Die Amerikaner brachten Kaugummis mit

Im April 1945 wurde Hannover von den Amerikanern erobert. In der Stadt **HERRSCHTE CHAOS** – doch zugleich begann damals eine lange Ära des Friedens.

Kaugummi. Und Schokolade. Und ein dunkelhäutiger Soldat, der in seiner Uniform auf einem Panzer sitzt und die Süßigkeiten mit einem Lächeln an Kinder verteilt. Das ist das Bild, das unzählige Menschen in Hannover mit der größten Zäsur in der deutschen Geschichte verbinden; mit dem Ende des Dritten Reichs. Es ist ihre Erinnerung an den 10. April 1945 – an jenen Tag, an dem der Frieden nach Hannover kam, mitsamt Kaugummi, amerikanischer Schokolade und farbigen Panzerschützen.

Noch wenige Tage vor diesem Datum hatte NS-Gauleiter Hartmann Lauterbacher in der „Hannoverschen Zeitung" sinnlose Durchhalteparolen verbreitet: „Wer weiße Fahnen hißt und sich kampflos ergibt, ist des Todes." Einen ganz ähnlichen Appell verlas er auch im Radio – dann setzte er sich selbst in den Harz ab. Ein paar Millionen Reemtsma-Zigaretten nahm er mit. Für die Versorgung der Truppen in der Harzfestung, wie er später sagte.

Zu dieser Zeit herrschte Chaos in der zerstörten Stadt: Die Versorgung war zusammengebrochen, im Bunker unter dem Bahnhof wurden Verwundete einquartiert. Wehrmachtssoldaten, die sich abgesetzt hatten, besorgten sich Zivilkleidung und versuchten unterzutauchen. In vielen der noch intakten Wohnstuben zeigten sich plötzlich Staubränder an den Wänden, wo zuvor Hitler-Bilder gehangen hatten.

Am 2. April, Ostermontag, hatte Hitler im Führerbunker unter der Berliner Reichskanzlei dem Generaloberst Kurt Student befohlen, den Vormarsch der Amerikaner bei Hannover zu stoppen. Die Truppen, die dazu nötig gewesen wären, gab es allerdings gar nicht: In der Prinz-Albrecht-Kaserne standen gut 700 Mann bereit, außerdem waren Flak-Einheiten rund um die Stadt stationiert. Dazu sollte

Dieter Bortfeld, damals 15 Jahre alt

Ich feierte sie insgeheim als Befreier

„Ich lief auf die Kirchröder Straße und sah eine lange Reihe von amerikanischen Panzern heranrücken. Die Einstiegsluken waren geöffnet, und wohlgenährte schwarze Amis saßen auf ihren Fahrzeugen, fröhlich miteinander schwatzend. Dazu waren sie alle in tadellose Uniformen gekleidet. Ich erinnere mich noch heute der Gefühle, welche mich bei diesem Anblick durchpulsten: Diese fast kindlich heiteren Männer konnten nicht unsere Feinde sein. Ich feierte sie insgeheim als Befreier von der bedrückenden Last eines sinnlos gewordenen Lebens. Eines war klar: Wo der Sieger einmarschiert war, gab es keine Luftangriffe mehr und keine Sorge vor Verlust von Bleibe und Leben an der Heimatfront. Und es konnte nicht mehr lange dauern, bis auch an den Fronten die Waffen schwiegen."

Bewaffnete Soldaten marschierten am Kaufhaus Kepa vorbei.

DER EINMARSCH

Karl-Heinz Rühling, damals 9 Jahre alt

Ein Geschenk aus dem Panzer

„Als ich damals mit meinen Freunden auf der Straße spielte, fuhr plötzlich ein Panzer direkt auf uns zu. Wir sprangen angstvoll zu Seite. Dann hielt er unmittelbar neben uns an, und aus der Panzerluke schaute ein Soldat heraus, der in seinen Händen einen Karton hielt, den er offenbar zu uns herunterwerfen wollte. Da ich bisher keine schlimmen Erfahrungen mit unseren ‚Feinden' gemacht hatte, streckte ich meine dünnen Ärmchen fangbereit aus, ohne zu wissen, wie schwer das Paket war. Als ich es dann öffnete, war die Freude riesig. Der große Karton war ungefähr halb voll mit doppelten Weißbrotscheiben, die ganz dick mit Käse belegt waren. Welch ein Geschenk! Zumal Weißbrot am Ende des Krieges bereits Mangelware war. Ein Teil wurde unmittelbar an die Freunde verteilt und der Rest mit nach Hause genommen. Wir wussten damals noch nicht, dass sie Sandwich hießen."

Hannover 25 Volkssturm-Bataillone stellen. Doch als diese zum Kampf antreten sollten, meldeten sich nur 248 Mann. Gleichwohl befiehlt Student dem Stadtkommandanten Paul Wilhelm Loehning, der im Friederikenschlösschen sein Quartier hat, Hannover bis zum letzten Mann zu halten – während der kommissarische Oberbürgermeister Egon Bönner den Stadtkommandanten bereits bedrängt, Hannover kampflos zu übergeben.

Die Amerikaner rücken unterdessen unaufhaltsam auf die Stadt zu. In ihrem Quartier in Bad Nenndorf teilen die Militärs Hannover in Sektoren auf, die bestimmten Truppenteilen zugeordnet werden. Vom Norden und vom Westen her sollen die einzelnen Einheiten der 84. US-Division die Stadt einnehmen. Einen Spaziergang erwarten die G.I.s nicht, schließlich hat es um Hannover herum in den vergangenen Tagen immer wieder Gefechte mit deutschen Truppen gegeben. Aufhalten konnte das die Amerikaner allerdings nicht. Und so beginnt am 10. April

Um 10.27 Uhr trafen die Amerikaner schließlich vorm Hauptbahnhof ein – in Hannover war das „Dritte Reich" damit Geschichte.

Manfred Rothenbusch, damals 11 Jahre alt

Amis vor Übelkeit nicht mitbekommen

„Am 9. April 1945 wurde in den Räumen einer Möbelfirma in der Jordanstraße ein Warenlager der Wehrmacht geplündert. Ein Mann aus der Wißmannstraße belud seinen Adler Triumph, und mir wiederum gelang es, ihm eine Kiste Zigarren zu klauen. Leider war mir nach dem Genuss einer halben Zigarre so schlecht, dass ich den Einmarsch der Amis am 10. April nicht mitbekommen habe. Ich habe nie wieder eine Zigarre geraucht!"

um 5.30 Uhr, am nebligen Morgen eines Frühlingstages, ihr Einmarsch in die zerstörte Stadt.

An diesem Tag gibt es noch einmal Alarm. In Letter geht der damals zehnjährige Lothar Redlin in den Bunker. Wieder einmal. „Dann passierte lange nichts, es gab auch keine Entwarnung", sagt er. Schließlich hält der Junge es im Bunker nicht mehr aus, läuft ins Freie auf seine Schaukel – und hört dort ein Geräusch: Panzer rollen auf der Autobahn in Stöcken. Die Amerikaner sind da. „Ich habe richtig hoch geschaukelt, voller Glücksgefühle", sagt Redlin heute. Intuitiv hatte der Junge erfasst, dass es eine Epochenwende gab, die auch sein eigenes Leben umkrempeln würde: „Ich musste nicht mehr zur Hitlerjugend – Angst hatte ich vor dem Verein!"

Die Amerikaner rücken am 10. April über die Schulenburger Landstraße und die Vahrenwalder Straße in die Stadt ein. Während es am Rand der Stadt noch Kämpfe gibt, treffen sie in der Innenstadt kaum auf Widerstand. Dicht an den Hauswänden entlang tasten sich die Soldaten durch die Trümmerwüsten ins Zentrum vor, die Waffen immer schussbereit auf Kellerfenster gerichtet. Jeeps und Panzer rollen über die Limmerstraße; überall hängen jetzt weiße Bettlaken aus den Fenstern. Und am Straßenrand versammeln sich die Deutschen. Schweigend und zerlumpt, mit einer Mischung aus Furcht und Erleichterung, sehen sie sich das Spektakel an. In Ricklingen traut sich Klaus Wolandewitsch irgendwann an diesem Tag aus dem Bunker in der Nordfeldstraße. „Wir warteten ängstlich vor dem Bunker, als im Westen schwere amerikanische Lastwagen und Panzer auftauchten – mit freundlichen Soldaten darauf." Einer von ihnen winkte den Jungen zu sich heran: „Unter dem Raunen der umstehenden Mütter lief ich auf ihn zu", sagt Wolandewitsch: Der farbige Soldat strich dem sechsjährigen Jungen über den Kopf und schenkte ihm eine große Tafel Schokolade: „Ich habe sie in ganz kleine Stücke zerbrochen, damit ich noch viele Tage davon zehren und mich an diesen aufregenden Augenblick erinnern konnte", sagt er heute. Wie Klaus Wolandewitsch ahnen viele Hannoveraner in diesen Tagen, dass die Amerikaner ganz anders sind, als die NS-Propaganda sie gezeichnet hatte.

Stadtkommandant Loehning stellt seinen Soldaten bei einem letzten Appell gegen 7.30 Uhr frei, sich auf eigene Faust nach Hause durchzuschlagen. Er selbst fährt zu Freunden nach Kleefeld, zieht die Uniform aus und erwartet in Zivil die Ankunft der Amerikaner. Ununterbrochen rollen nun US-Panzer über die Podbielskistraße, am Lister Platz regeln uniformierte Amerikaner den Verkehr. Ein pflichtbewusster Reichsbahner im Hauptbahnhof meldet einem Kollegen in Lehrte um 10.27 Uhr, dass das „Tausendjährige Reich" in Hannover Geschichte ist: „Ich schalte

Das Opernhaus war eine Ruine – das Café Kröpcke jedoch hatte in einer Baracke den Betrieb behelfsmäßig wieder aufgenommen.

Welch ein Schatz wäre dies gewesen

„Bei der Reemtsma in der Constantinstraße herrschte Chaos. Es fehlte jede Aufsicht, sodass die Großen Schubladen voller Zigaretten plünderten. Wir rauchten die Beute. Ich war sechs Jahre alt und schaffte viereinhalb Zigaretten, dann wurde mir übel. Eine Nachbarin sah Rauch aufsteigen und verriet uns. Meine Mutter bestand darauf, dass Zigaretten, die mein großer Bruder übrig behalten hatte, zurückgebracht wurden. Welch ein Schatz wären sie gewesen, um Lebensmittel einzutauschen."

Lutz Caspers, damals 6 Jahre alt

jetzt die Leitung ab, die Amis sind soeben vor dem Hauptbahnhof eingetroffen." Eine offizielle Kapitulation gibt es nicht, doch Oberbürgermeister Bönner wird im Neuen Rathaus verhaftet.
Als der Abend heraufzieht, muss niemand mehr in den Bunker. Jetzt, da sie keinen Alarm mehr fürchten müssen, ziehen einige Frauen zum ersten Mal seit Monaten fast feierlich wieder ein Nachthemd an. Und in Letter nimmt die junge Mutter Sophie Lütchens ihre dreijährige Tochter Edelgard auf den Schoß: „Der Krieg ist vorbei", sagt sie erleichtert. „Ich habe als Kind keine Reaktion gezeigt", sagt Edelgard Bochnick heute. Die Bomben, die Trümmer – das Mädchen hatte ja nie etwas anderes kennengelernt und folglich auch keine Vorstellung vom Frieden. Als ihre Mutter sie damals fragte, ob sie sich denn gar nicht freue, fragte sie irritiert zurück: „Was ist denn Krieg?"

DIE PLÜNDERUNGEN

„Das Wildeste, was wir im Krieg gesehen haben"

Bei Massenplünderungen brach Chaos aus – niemand konnte die entfesselte Menge aufhalten

Es müssen Szenen wie aus einem Gemälde von Hieronymus Bosch gewesen sein. Szenen eines überbordenden Irrsinns, der rational kaum zu fassen ist. Mehr als 3000 Menschen stürmten kurz nach dem Einmarsch der Amerikaner die Lagerhäuser am Nordhafen. Sie balgten sich um Lebensmittel; jeder schnappte sich, was er tragen konnte.

Es wurde gestohlen und geplündert in jenen Tagen. „Wir nannten es organisieren", erinnert sich die damals 16-jährige Annemarie Leipold-Peter, die selbst in Stöcken „organisieren" ging: „Dort wurden Silos und Lagerhäuser gestürmt. Schweinehälften wurden aus dem Kühlhaus geworfen, Menschen dabei erschlagen", sagt sie. Säcke mit Mehl, Grieß und Haferflocken wurden zerrissen; draußen jagten sich die Plünderer ihre Beute teils gegenseitig wieder ab. „Ich habe von den Stufen im Treppenhaus etwas von allem zusammengerafft", sagt Annemarie Leipold-Peter. „Das Beste war ein Karton mit Büchsen."

Als der US-Leutnant John D. Marr mit einem kleinen Trupp Soldaten am Nordhafen eintrifft, sieht er alte Frauen, die auf Transportspiralen aus dem fünften Stock eines Lagerhauses nach unten rutschen, in den Händen große Säcke mit Mehl. Menschen trampeln sich gegenseitig tot. Die Amerikaner lassen die Deutschen gewähren – auch, da sie die entfesselte Menge wohl kaum stoppen könnten. „Mann, das ist ja wie ein Albtraum, das Wildeste, was wir bis dahin in diesem Krieg gesehen haben!", notiert Marr später: „Eine Mischung aus dem Großen Feuer in Chicago, einer Panik an der Wall Street und dem Vergnügungspark Coney Island."

Eine funktionierende Ordnungsmacht gibt es in diesen Tagen nicht. Unter den 217 000 Menschen, die noch in der zerstörten Stadt leben, sind 54 000 Ausländer. Die Kriegsgefangenen und Zwangsarbeiter sind teils auf Rache und Beute aus. Doch auch viele Deutsche werden in Not und Chaos zu Plünderern: In Vinnhorst wird ein Kühlhaus aufgebrochen, am Südbahnhof ein Güterzug. Oft zertrampelt die blinde Masse einen Teil der begehrten Lebensmittel. Teils wateten bei den Plünderungen Tausende in einem Gemisch aus Speiseöl, Zucker und Mehl herum.

„Uns kamen Menschen entgegen, die weiß von Mehlstaub waren", sagt Gerhard Strüwe. Zusammen mit seinem Bruder und einem Freund hatte der Zwölfjährige sich aufgemacht, weil er gehört hatte, dass auf dem Kanal hinter Wülferode ein mit Mehl beladenes Schiff liegen sollte. „Es war schwirig, an Bord zu kommen", sagt er. „Es gab nur ein schmales Brett vom Ufer zum Schiff. Der Andrang war groß." Schließlich hangelte sein Freund sich an einem Seil hinüber. Ein korpulenter Mann wollte es ihm gleichtun – und landete im Wasser. „Ich hatte Glück", erinnert sich Strüwe: „Eine Gruppe Russen überließ mir einen halben Sack Mehl. Das war für uns ein Segen – wir konnten es auch gegen andere Lebensmittel tauschen."

Begonnen hatten die Plünderungen schon vor dem Einmarsch

Bizarre Szenen: Plünderung einer Bäckerei in der Grotestraße am 10. April 1945.

der Amerikaner – obwohl sie hart bestraft wurden. „Ende März hörten wir, dass am Misburger Damm ein Wehrmachtsdepot in Trümmern lag", sagt Helga Fredebold. Sie zog mit ihrer kleinen Einkaufstasche los – und kehrte mit vier Kilo Dosenfleisch zurück: „Sie waren noch warm, ich hatte sie aus der heißen, schmierigen Asche gebuddelt. Selten hat mir in meinem Leben etwas so geschmeckt wie dieses schiere, richtige Rindfleisch."

Die Plünderungen jener Tage haben sich vielen Hannoveranern tief ins Gedächtnis eingeschrieben. Vielleicht, weil die erbeuteten Genüsse so selten waren. Oder weil sie selbst, vielleicht zum ersten und einzigen Mal im Leben, etwas Ungesetzliches taten. Vielleicht, weil die Szenen, die sich bei den Plünderungen abspielten, so bizarr waren. Oder weil die vollkommene Verkehrung aller Werte ihnen im Nachhinein wie die Geburtswehen einer neuen Zeit erschienen.

Dabei war es selten Abenteuerlust, die brave Bürger in Plünderer verwandelte – sondern das nackte Elend. Viele waren ausgebombt, wie der damals 15-jährige Gerhard Falk. Sein Vater war in Russland vermisst, seine Mutter evakuiert: „Wir waren wie streunende Hunde", sagt er im Rückblick. Zuflucht fanden er und einige Schicksalsgenossen im Luftschutzkeller des heutigen Landtags: „Ernährt haben wir uns von Hamster- und Plünderungsgut", sagt Falk. „Als Lager konnten wir den Keller vom heutigen Landtag sehr gut nutzen – bis uns die Sieger beim Plündern erwischten. Da fanden wir uns im Gefangenenlager wieder."

Die Stadt lag in Trümmern: Besonders die Innenstadt – das Bild wurde vom Turm des Neuen Rathauses aufgenommen – war 1945 stark zerstört.

Unter fremden Flaggen: Das Rathaus nach dem Einmarsch der Alliierten.

DIE BRITEN

Wie aus Besatzern Freunde wurden

Im zerstörten Hannover wurden die alliierten Truppen schnell **ZUM GRÖSSTEN ARBEITGEBER** der Stadt. Dennoch blieb das Verhältnis zwischen englischen Soldaten und Deutschen lange zwiespältig – dabei wurden die Briten zu Geburtshelfern der Demokratie.

DIE BRITEN

Der Anblick beeindruckte den Briten tief: „Hannover sah schrecklich aus", sagt Ernie Lack: „Als ich ankam, lag alles in Trümmern. Die ganze Stadt war etwa in so einem Zustand wie heute die Aegidienkirche." Als junger Offizier der Royal Air Force wurde der heute 91-Jährige nach dem Krieg auf den Fliegerhorst Wunstorf versetzt. Er war einer der „Besatzer", der „Tommys", denen viele Deutsche anfangs mit einer seltsamen Mischung aus Feindseligkeit und Unterwürfigkeit begegneten.

„Well, die Deutschen ...", sagt Lack, wenn man ihn fragt, wie das Zusammenleben damals war. Der frühere Pilot sitzt in seiner Wohnung in der Südstadt. Manschettenknöpfe, Krawatte, auf dem Jackett das Wappen seiner alten Schule in Edinburgh. Gäbe es das Wort Gentleman nicht, man müsste es für ihn erfinden. „Den Deutschen war sehr bewusst, dass sie den Krieg verloren hatten", sagt Lack. Unsicher seien sie gewesen. Viele hatten resigniert. „Und bei einigen setzte sich allmählich das Gefühl durch: ‚Der Führer hat uns reingelegt.'"

Die Briten hatten 1945 von den Amerikanern rasch das Regiment in Hannover übernommen. Sie machten die Stadt zu einer Art Hauptsitz ihrer Zone. Schon am 11. April ernannte der englische Major G. H. Lamb den Misburger Sozialdemokraten Gustav Bratke zum Oberbürgermeister. Dabei machte Lamb den Hannoveranern schnell klar, wer bei dieser deutschen Selbstverwaltung unter britischer Oberhoheit die Hosen anhatte: „Wir ordnen an, Sie führen aus!"

Stadtkommandant Lamb residierte im Neuen Rathaus, die britische Militärverwaltung zog bald im „Stirling-House" ein: Das ehemalige Generalkommando am Misburger Damm,

Brigitte Korth, damals 7 Jahre alt

Der Knust war bei Kindern sehr beliebt

„Mein Onkel arbeitete beim ‚Tommy', wie wir die Engländer damals nannten, und wenn er abends nach Hause kam, brachte er seine dortige Mittagsration mit. Dies waren zwei Scheiben Weißbrot mit Käse oder Corned Beef. Dieses wurde zum Essen in sieben Teile aufgeteilt. Zum Abendessen gab es Brot. Da wir so viele hungrige Personen waren, wurden immer ein altes Drei-Pfund-Brot und ein neues Brot aufgeschnitten. Der Knust war bei uns Kindern sehr beliebt. Da wir zu viert waren, bekamen immer zwei Kinder im Wechsel einen Knust – und wehe, der eine war größer als der andere. Viele Jahre später, als ich meine Tante besuchte, zeigte sie mir ihren Brotkasten mit lauter Knüsten. Sie meinte: ‚Heute will sie keiner mehr essen!'"

Die Briten sorgten bald für die Umbenennung von Straßen und halfen, Hannover wieder auf die Beine zu bringen.

Erika Kiep-Busche, damals 22 Jahre alt

Haus für Unteroffiziersmesse geräumt

„Nachdem die Engländer Hannover übernommen hatten, wurde unser Haus in der Mohrmannstraße in der Nähe der Herrenhäuser Gärten beschlagnahmt. Es war genau an meinem Geburtstag, am 26. Juni: Innerhalb von zwei Stunden mussten wir unser Haus verlassen. Meine Mutter und ich mussten noch die großen Trümmerhaufen vor dem Haus entfernen, da die Briten eine freie Durchfahrt haben wollten. Ich weiß noch, dass ich trotz einer schweren Grippe diese Arbeit meiner zierlichen Mutter nicht überlassen wollte, und griff trotz hohen Fiebers zur Schaufel. Wir kamen bei Bekannten unter. Die Briten richteten in dem Haus eine Unteroffiziersmesse ein. Erst Jahre später durften wir dort wieder einziehen. Es sah schlimm dort aus – und unsere Bibliothek war verfeuert worden."

Die Militärverwaltung residierte im „Stirling-House" am Misburger Damm.

der heutigen Hans-Böckler-Allee, war kurzerhand nach einem britischen Militär umbenannt worden.

Bald lebten Tausende britische Soldaten in Hannover. Meist blieben sie unter sich. Sie bildeten eine Parallelgesellschaft mit eigenen Bibliotheken und „Naafi"-Geschäften, in denen Deutsche nicht einkaufen durften. Sie hatten einen eigenen Unteroffiziersclub im Maschsee-Strandbad und eigene Kinos für englische Filme wie das Globe Cinema in der Freundallee. „In Kleefeld gab es in einer Nissenhütte sogar eine Kapelle für englische Gottesdienste", sagt Lack.

Die Briten organisierten das Überleben in der zerstörten Stadt. Bis Ende 1945 richtete die Militärregierung in Hannover 175 Dienststellen ein. Gern beschlagnahmten die Briten dafür unzerstörte Häuser in den gehobenen Lagen von Kleefeld, Waldhausen oder am Zoo. Deren Bewohner wurden kurzerhand vor die Tür gesetzt. Bald machte in Analogie zu den „Ausgebombten" das Wort von den „Ausgeengländerten" die Runde.

Verglichen mit den darbenden Deutschen waren die Briten reich: „Wir lebten in Saus und Braus", erinnert sich Ernie Lack. Wohl auch deshalb

Vater bekam den Job im Store

„Ich bin als Flüchtlingskind teils in einem Lager in der Nähe der Schulenburger Landstraße groß geworden. Mein Vater, der mehrere Sprachen beherrschte, bekam dort 1948 im Auftrag der Engländer einen Posten in der Lebensmittelausgabe. Es war nicht leicht, damals eine Arbeit zu finden – er war sehr froh über den Job. In dem kleinen Store gab es auch Waren aus Amerika. Die Fülle der Waren war sehr beeindruckend."

Carola Duis, wuchs im Schulenburger Lager auf

suchten viele Deutsche die Nähe der Sieger: „Es gab viele Kontakte zwischen deutschen Mädchen und englischen Soldaten", sagt Lack diplomatisch. Die Polizei konstatierte schon bald nach dem Einmarsch, dass viele junge Frauen angesichts der Alliierten „sittlich gefährdet" seien. Von „Zigarettenhuren" war die Rede. In einem anonymen Schreiben an den Stadtkommandanten machte ein Deutscher seiner Empörung Luft: „Deutsche Männer – deutsche Treue; Deutsche Frauen – deutsche Säue. Von denen bekommt ihr die Syphilis!"

Doch auch Jobs bei den Engländern waren begehrt: Die Industriebetriebe lagen in Trümmern. „Viele Deutsche, die Arbeit suchten, fanden sie bei uns Besatzern", sagt Ernie Lack. Ende 1945 arbeiteten schon 20 000 Zivilisten in Hannover für die Briten: Die Besatzungsmacht

DIE BRITEN

Hans-Heinrich Kirchhoff, damals 13 Jahre alt

Ausgang auf wenige Stunden beschränkt

„In den Tagen nach dem Einmarsch der Alliierten war der tägliche Ausgang zunächst auf wenige Stunden beschränkt, dann wurde er zumindest tagsüber ausgedehnt. Es war jedoch nicht ungefährlich, sich draußen zu bewegen. Einige der im Krieg zwangsweise nach Deutschland gebrachten Arbeiter – bei uns waren sie im Ausbesserungswerk Leinhausen tätig – gingen nicht zurück in ihre Herkunftsländer. Einige marodierten, zum Teil bewaffnet, auf den Straßen. Die von den Engländern beauftragte Stadtverwaltung stellte Polizei ein. Die Polizisten waren in Zivil gekleidet und mit einer weißen Armbinde gekennzeichnet. Sie waren jedoch unbewaffnet – und in der Regel machtlos."

war der größte Arbeitgeber der Stadt. Deutsche verdingten sich als Fahrer für die Offiziere, als Kellner im Kasino oder als Putzfrauen in Soldatenunterkünften.

Die Besiegten fanden sich dabei oft in der Rolle von Bittstellern und Bediensteten wieder. „Die Verbindungen zwischen Deutschen und Briten waren eher Zweckbündnisse", erinnert sich Lack: „Man brauchte einander, doch man blieb auf Distanz." Dabei bröckelte das anfangs verhängte „Fraternisierungsverbot" schon im Sommer 1945. „Soldaten der britischen Besatzungsarmee", hieß es im Juni in einem Tagesbefehl von Feldmarschall Bernard Montgomery, „dürfen mit sofortiger Wirkung mit kleinen Kindern sprechen und mit ihnen spielen."

Auch Kontakte zu Erwachsenen waren bald nicht mehr tabu. Und ranghohe britische Militärs unternahmen im Sommer 1945 gar eine Sightseeingtour zu Hannovers Kulturstätten: Von der Fürstengruft im Leineschloss bis Herrenhausen fand alles ihr Interesse, was mit den britischen Welfenkönigen zu tun hatte.

Je stärker sich die politische Großwetterlage änderte, desto stärker wandelte sich auch das Verhältnis von Briten und Hannoveranern. Als am 26. Oktober 1946 der frei gewählte Rat zusammentrat, gab sich Stadtkommandant Oberst Churchman fast wie ein väterlicher

„Well, die Deutschen ...": Ernie Lack kam nach dem Krieg als junger Offizier der Royal Air Force nach Hannover.

1953 heiratete Ernie Lack seine Frau Elisabeth. Heute lebt das Paar in der Südstadt: Ihre Lebensgeschichte ist auch ein Spiegel der deutsch-britischen Beziehungen.

Freund: „Ich werde Ihre Arbeit mit Interesse und Sympathie verfolgen", versprach er. „Meine Offiziere und ich sind hier, um Ihnen zu helfen." Sie blieben noch lange: Rund 700 britische Soldaten lebten noch 1991 in Hannover, zwei Jahre darauf räumten die Briten ihre letzten Kasernen. Als sie gingen, waren aus Besatzern längst Verbündete geworden.

Ernie Lack ist geblieben. Der Brite, Sohn eines farbigen Mediziners aus Trinidad, heiratete 1953 seine Frau Elisabeth. Eine Deutsche aus Wunstorf. „Gegen mancherlei Widerstände", wie beide sagen. Eine Andeutung, die viel über die damaligen Verhältnisse aussagt. Aus der Distanz von mehr als 60 Jahren sehen die Lacks darauf mit mildem Lächeln zurück.

„Ein dunkler, furchterregender Platz"

In Hannover herrschten 1945 Mord und Totschlag – und die Polizei war machtlos

Er war ein gestandener Offizier. Einer, der gerade den Weltkrieg hinter sich gebracht hatte. Doch was der britische Major G. H. Lamb kurz nach der Einnahme der Stadt in Hannover beobachtete, machte ihn fassungslos: „Tausende zwangsverschleppte Ausländer zogen marodierend, mit Gewehren und Messern bewaffnet, durch die trümmerübersäten Straßen", notierte der Stadtkommandant: „Alle schienen völlig betrunken. Sie plünderten, raubten, mordeten."

Rund 217 000 Menschen lebten bei Kriegsende noch in Hannover, und etwa jeder Vierte von ihnen war ein Ausländer. Auf fatale Weise hatten ausgerechnet die Nazis eine multikulturelle Gesellschaft geschaffen – und zugleich ein friedliches Zusammenleben unmöglich gemacht: Viele der in Lagern hausenden Zwangsarbeiter sannen nun auf Rache oder schnelle Beute. Da die Verschleppten oft nicht in ihre Heimatländer zurück konnten oder wollten, lebten etliche von ihnen noch jahrelang in der Stadt – als „Displaced Persons" (DPs) waren sie hier gestrandet.

Eine staatliche Ordnungsmacht gab es nicht; auch unter Deutschen herrschte bald das Recht des Stärkeren. Und schnell zeigte sich, dass die Zivilisation ein dünner Firnis ist, der leicht zerreißen und den Blick in Abgründe freigeben kann: „Hannover ist kaum eine Stadt, in die man seine jungfräuliche Tante mitnehmen würde", schrieb der britische Kriegsberichterstatter Leonard O. Mosley: „Nach Einbruch der Dunkelheit ist es ein dunkler, furchterregender, gefährlicher Platz, wo man sich an jeder Ecke einem Angriff oder dem Tod gegenübersieht."

Russen raubten auf offener Straße Fahrräder und Uhren, eine Gruppe von ihnen hielt das Wülfeler Eisenwerk praktisch über Wochen besetzt. Auf dem Friedhof am Lindener Berg brannten Polen die Leichenhalle nieder. Auf dem Stöckener Friedhof verweigerten Totengräber die Arbeit: Ehemalige Zwangsarbeiter hatten dort nicht nur nächtliche Saufgelage und Rennen mit gestohlenen Fahrrädern veranstaltet, sondern auch 20 Besucher einer Trauerfeier ausgeraubt. Nach einem dreiviertel Jahr unter britischer Herrschaft waren 18 400 Fälle schweren Raubes angezeigt worden, und Hannovers Polizei musste in 70 Mordfällen ermitteln.

Eines der Opfer war die Mutter von Hermann Hinsch. Die Familie des damals Neunjährigen war in der Wohnung einer Tante in Immensen untergekommen. Nachts schlief er mit Mutter und Schwester in einem Zimmer: „Plötzlich waren da Taschenlampen, man hörte Schreie und Schüsse", erinnert er sich. Auch in seinem Bett entdeckte man später Kugeln. Seine Mutter starb bei dem Überfall im November 1945. „Die Räuber wurden tatsächlich gefasst, es waren Polen", sagt Hinsch heute. „Mit anderen Zeugen wurde ich in einem britischen Armeefahrzeug nach Celle gefahren, um sie zu identifizieren. Bei einem Schmuckstück, das sie erbeutet hatten, konnte ich zweifelsfrei sagen, dass es meiner Mutter gehörte."

Tatsächlich mühten sich die Briten nach Kräften, für Ordnung zu sorgen: Ein britisches Militärgericht tagte zweimal wöchentlich in

Ohnmächtige Ordnungshüter: Polizeikontrolle auf dem Schwarzmarkt am Hauptbahnhof.

Hannover. Mal wurden polnische Zwangsarbeiter zu einem Jahr Haft verurteilt, weil sie Fahrräder gestohlen hatten, mal wurden Russen wegen illegalen Waffenbesitzes hingerichtet. Weil es einem Briten die Zunge herausgestreckt hatte, wurde ein 18-jähriges Mädchen dazu verdonnert, 100 Reichsmark zu zahlen – oder 14 Tage ins Gefängnis zu gehen. Viele Deutsche klagten dennoch über die Zurückhaltung der Briten: „Die Militärpolizei duldet den Mob", notierte der spätere Oberstadtdirektor Karl Wiechert, der selbst im KZ gesessen hatte, bitter: „Wildwestzustände herrschen, es heißt, die Ausländer hätten Plünderfreiheit erhalten."

Zwar hatten die Briten schon am 13. April erste Hilfspolizisten in der ehemaligen Kriegsschule am Waterlooplatz antreten lassen. Doch sie zögerten, die uniformierten Deutschen auch mit Waffen auszurüsten: „Wenn Ausländer und Deutsche aufeinander schießen, wird alles noch schlimmer – ein Blutbad", warnte Oberst Bruce von der Militärregierung. Hannover blieb über Monate eine Stadt des Verbrechens. Erst als die Zwangsarbeiter allmählich heimkehrten, flaute die Welle der Gewalt ab.

Klarer als die meisten Deutschen sahen die Briten allerdings die wahren Ursachen der Kriminalität: „Die Russen sind zweifellos eine Bedrohung für die Bevölkerung", schrieb der englische Major C. C. Cooper 1945 in sein Tagebuch: „Aber wenn wir uns überlegen, was die Deutschen in Russland getan haben", notierte er, „dann sollte man mit Äußerungen doch vorsichtig sein, die Russen seien alle Barbaren."

"Through traffic":
In den Trümmern tauchten englischsprachige Schilder auf.

„Wanderung durch ein Inferno": Schon bald nach Kriegsende herrschte in den Ruinen – etwa rund um die Kröpcke-Uhr – wieder reges Treiben.

DIE TRÜMMER

„Hannover glich einer Wunde im Erdreich"

Während das Deutsche Reich in Berlin endgültig kapitulierte, richteten sich die Hannoveraner in den Resten ihrer Stadt ein – und mussten sich oft unter **IRRWITZIGEN VERHÄLTNISSEN** auf engstem Raum arrangieren.

Erinnerung verklärt. Blickt man auf die eigene Kindheit zurück, erscheint auch die trostloseste Trümmerlandschaft schnell als ein einziger großer Abenteuerspielplatz. Das elende Steineklopfen wird zum frohgemuten Ärmelhochkrempeln. Die drangvolle Enge zum solidarischen Zusammenrücken. Wer wissen will, wie das Hannover des Jahres 1945 auf einen erwachsenen Zeitgenossen wirklich wirkte, wird beim britischen Kriegsberichterstatter Leonard Mosley fündig: „Hannover sah abweisender und wüster aus als jede andere Stadt im besetzten Deutschland, die ich gesehen habe", notierte dieser damals.

Zwar hatte es die Außenbezirke nicht ganz so hart getroffen, doch die Innenstadt glich einem Ruinenfeld. Wie ein hohler Zahn ragte der ausgebrannte Turm der Marktkirche in den Himmel. Ansonsten fiel es selbst Einheimischen schwer, sich in den Trümmern zu orientieren: Straßen waren mit Bombenkratern übersät, Industrieanlagen weitgehend zerstört, identitätsstiftende Bauten wie das Herrenhäuser Schloss niedergebrannt. Telefon, Postwesen, Stromversorgung – die komplette Infrastruktur lag am Boden. Leere Fensterhöhlen und zugige Verschläge, in denen Menschen vegetierten, prägten das Bild: „Hannover glich eher einer Wunde im Erdreich als einer Stadt", notierte Mosley.

Der für die britische Besatzungszone zuständige Feldmarschall Bernard L. Montgomery verkündet Ende Mai eine Art Notprogramm. Der Wortlaut wirft ein Schlaglicht darauf, wie elementar die Bedürfnisse der Deutschen sind: „Mein

Hans-Heinrich Kirchhoff, damals 13 Jahre alt

Tageslicht drang nur durch Bilderglas

„Wir waren froh, dass unser Haus, wenn auch beschädigt, noch stand. In direkter Nachbarschaft zum Elektrizitätswerk und der westöstlichen Hauptbahnlinie fürchteten wir immer, Ziel alliierter Bomber zu werden. Beides war noch intakt, so erhielten wir nach einiger Zeit zumindest stundenweise Strom. Ein Problem waren die zerborstenen Fensterscheiben. Die Fensterrahmen wurden von außen mit Brettern zugenagelt, und in der Mitte wurde eine kleine Scheibe eingesetzt, die man einem entrahmten Bild entnommen hatte. Wir wohnten auf engstem Raum. Sämtlicher Wohnraum wurde bewirtschaftet. Wir bewohnten eine Drei- Zimmer-Wohnung, etwa 70 Quadratmeter, ohne Badezimmer und Toilette. Letztere lag im Treppenhaus und wurde vom Nachbarn mitbenutzt. Unsere Familie bestand aus vier Personen. So mussten wir ein Zimmer abgeben – pikanterweise an den erwachsenen Sohn des vormaligen NSDAP-Kreisleiters."

An provisorischen Verkaufsständen wie jenem an der Karmarschstraße deckten sich Menschen mit dem Nötigsten ein.

DIE TRÜMMER

Ilse Köhler, damals 12 Jahre alt

Mit offenen Augen durch die Stadt

„Mein Vater ist stets mit offenen Augen durch die Stadt gegangen und hat in den Ruinen nach Ausbaumöglichkeiten gesucht, damit wir wieder nach Hannover kommen konnten – unsere Familie war nach der schlimmen Bombennacht im Oktober 1943 in den Harz evakuiert worden. Am Lister Platz hat er dann im Dachgeschoss eine Wohnung gefunden, den Hausbesitzer ausfindig gemacht und die Genehmigung zum Ausbau erhalten. Die Materialbeschaffung war nicht einfach, aber es ging voran. Es durfte dort auch gelagert werden. Doch als er mit Bekannten zum Bauen kam, war das Material gestohlen."

unmittelbares Ziel ist es, für alle ein einfaches und geregeltes Leben zu schaffen", erklärt Montgomery: „In erster Hinsicht ist dafür zu sorgen, daß die Bevölkerung Folgendes hat: a) Nahrung, b) Obdach, c) Freisein von Krankheit."

Privatsphäre wird in der Stadt, in der etwa jedes zweite Wohnhaus zerstört ist, zum Luxus – und Wohnungsnot zum drängendsten sozialen Problem. Schon in der NS-Zeit war Wohnraum zwangsbewirtschaftet worden; wer eine Wohnung hatte, musste einen Teil davon für Bedürftige räumen. In einer Verordnung vom 30. März 1945 hieß es: „Zwei Erwachsene mit bis zu vier Kindern dürfen nur noch 22 qm Wohnraum beanspruchen."

Nach dem Einmarsch der Alliierten wird die Lage nicht besser: Während immer mehr Flüchtlinge aus dem Osten untergebracht werden müssen, beschlagnahmt die britische Militärverwaltung zusätzlich Wohnraum für den eigenen Bedarf.

Die deutsche Stadtverwaltung übernimmt am 28. September 1945 die Wohnraumbewirtschaftung von den Briten.

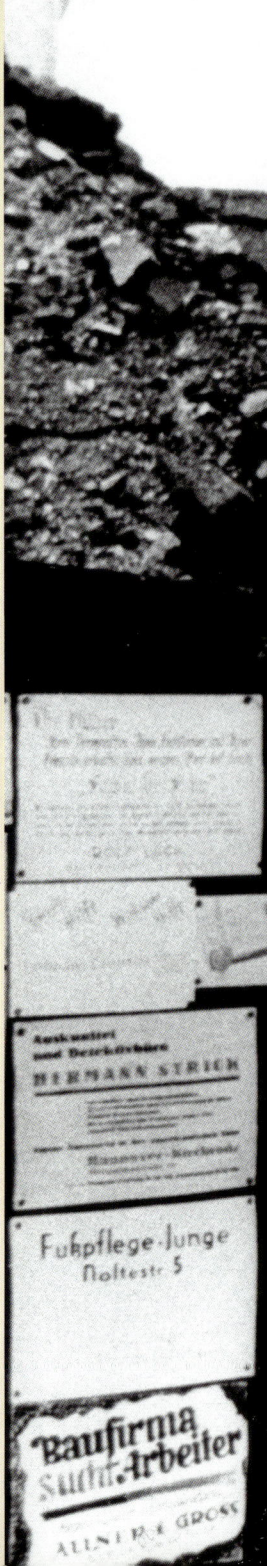

Zettelwirtschaft: Tauschbörse in der Nähe des Anzeiger-Hochhauses.

DIE TRÜMMER

Ruth Heuer, damals 13 Jahre alt

Gas gab es nur einige Stunden am Tag

„Unsere 85 Quadratmeter große Drei-Zimmer-Wohnung in Buchholz war belegt von einem ausgebombten Ehepaar mit einer erwachsenen Tochter. Sie bekamen ein Zimmer, und wir hatten die anderen. Es waren nette, verständnisvolle Menschen, aber sie merkten selbst, dass es viel zu eng war, und zogen in ihre Gartenlaube am Stadtfelddamm. In der Wohnung waren fast alle Fensterscheiben mit Pappe vernagelt, und wenn man richtig gucken wollte, musste man die Fenster öffnen. Strom war nur zu bestimmten Zeiten angestellt, und auch das Gas wurde nur vormittags und abends einige Stunden angestellt. Ich erinnere mich an eine Kochkiste, in der man das Essen bis zum Mittag warm hielt."

„Wenn viele Menschen in diesem Winter kein heiles Dach über dem Kopf haben, so ist dies allein auf die dauernden Beschlagnahmen der Militärregierung zurückzuführen", beschwert sich der von den Engländern eingesetzte Oberbürgermeister Gustav Bratke beim Stadtkommandanten – ohne Erfolg.

Ausgebombte hausen unterdessen in Trümmern oder in Kellern, Laubenpieper quartieren sich in der Kleingartenkolonie ein, und wildfremde Menschen sind gezwungen, sich beim Zusammenleben auf engstem Raum irgendwie provisorisch zu arrangieren.

„Die Polizei musste uns beim Einzug beschützen", erinnert sich die damals zwölfjährige Ilse Köhler. Ihre Familie war vom Wohnungsamt bei einer Frau einquartiert worden, die keinen Zweifel daran ließ, wie wenig willkommen ihr die neuen Mitbewohner waren: „Als wir ankamen, war alles verriegelt und verrammelt – ein Schlosser musste die Tür aufbrechen", sagt Ilse Köhler: „Die Küche durften wir nicht benutzen, darum haben wir uns einen Herd im Zimmer aufgestellt. Das Rohr ging durch die Wand nach außen. Und von der Toilette hatte sie den Sitz abmontiert."
Überall kommt es zu Spannungen zwischen alteingesessenen Mietern und „Einquartierten". Zudem stürzen immer wieder Trümmer ein; vergeblich ermahnen Eltern ihre Kinder,

Große Teile der Innenstadt lagen in Trümmern. Das Bild zeigt im Hintergrund die Neustädter Kirche.

Sieben Menschen in zwei Zimmern

„Meine Mutter, mein Bruder und ich sind im Sommer 1945 nach Hannover zurückgekommen. Unser Vater war mit einem Arm- und Beindurchschuss aus dem Krieg heimgekehrt. Als wir in unsere Wohnung am Volgersweg wieder einziehen wollten, war diese bereits von einem ausgebombten Ehepaar mit einem geistig behinderten Kind besetzt. Nun mussten wir uns die Zwei-Zimmer-Wohnung mit insgesamt sieben Personen teilen."

Edeltraud Spilker, damals 8 Jahre alt

nicht in den halb zerstörten Gebäuden zu spielen. „In den Ruinen lauert der Tod", warnt die „Hannoversche Presse" ihre Leser noch im Jahr 1949, vier Jahre nach Kriegsende. Vom Wiederaufbau, der zum Gründungsmythos der Bundesrepublik werden sollte, kann auch Jahre nach dem Krieg oft noch keine Rede sein. Im Jahr 1950 leben nach wie vor mehr als 37 000 Menschen in Hannover in Massenunterkünften.

Allein das Ungeziefer gedeiht in den Ruinenbrachen prächtig. Ein Schreiben des Arbeitsamtes vom Mai 1946 lässt erahnen, wie unromantisch die später oft verklärte „Stunde Null" tatsächlich war: „Trotz Einsatz erheblicher Geldmittel zur Rattenbekämpfung", heißt es darin, „hat die Rattenplage durch die Schutthalden so zugenommen, dass immer wieder in den Büros wichtige Papiere zernagt werden."

DAS RÄUMEN

Wohin nur mit den ganzen Trümmern?

Trotz Steinputzmaschine und Schutt-Express: Die Räumung zog sich fast ein Jahrzehnt lang hin

Es ist ein mühseliges Geschäft. Eine Knochenarbeit. Und auch die Kinder müssen schon mit ran: „In unserer Freizeit haben wir aus den Trümmern brauchbare Steine gesucht", erinnert sich Edeltraud Spilker, die damals gerade in die Schule gekommen war: „Für ein bisschen Geld haben wir sie dann abgeklopft." Steine klopfen, Steine schleppen, Steine stapeln. In der Sonne und im Staub. Für eine ganze Generation von jungen Deutschen wird das Trümmerräumen zur ersten Erfahrung mit körperlicher Arbeit.

Überall in Deutschland sind Frauen daran beteiligt, in mühsamer Handarbeit die Trümmer des Krieges zu beseitigen – auch in Hannover. Zwar erwägt die Stadt 1946, Männer zwangsweise zur Trümmerräumung zu verpflichten, doch die Briten lehnen solche Maßnahmen als „Nazi-Methoden" ab.
Der neue Stadtbaurat Otto Meffert legt bald nach dem Einmarsch der Alliierten ein Programm für Bautätigkeiten bis 1946 vor. Doch Baustoffe sind knapp, und Arbeitskräfte sind Mangelware. Um die Georgstraße zu räumen, werden beispielsweise etwa 1475 Arbeiter gebraucht, doch das Bauamt bekommt nur 260 Männer vom Arbeitsamt zugewiesen. Im Jahr 1939 waren noch 20 000 Bauhandwerker in der Stadt gemeldet, jetzt sind es noch rund 1500. Wer irgend kann, arbeitet lieber schwarz, gegen Naturalien oder Zigaretten. Auch deshalb kommt der Wiederaufbau erst nach der Währungsreform 1948 allmählich in Schwung, als sich Leistung wieder lohnt. Vorerst muss sogar der Maschsee als Lieferant von Bauholz für Behelfsheime herhalten: Um Bomberpiloten keine Orientierungspunkte zu bieten, war dieser im Krieg mit Brettern und Büschen getarnt worden. Jetzt wird jedes Stück Holz wiederverwertet.

Mehr als 6,5 Millionen Kubikmeter Schutt hatte der Krieg in Hannover hinterlassen. Auf der Grundfläche des Maschsees wäre der Berg mehr als acht Meter hoch. Und ein paar Tonnen davon lasten nach dem Krieg auf der „Bücherstube Leonie Konertz" in der List, in der die damals 23-jährige Eva Raub ihre Ausbildung zur Buchhändlerin macht. „Über dem Geschäft lagen die Trümmer von sechseinhalb Etagen", erinnert sich Eva Raub.
Beim Aufräumen packte die Chefin selbst mit an: „Einmal brach beim Abräumen des Obergeschosses ein morscher Deckenbalken", sagt Eva Raub. „Frau Konertz stürzte in den Laden. Doch sie fiel auf uns, die wir an der Kasse standen, und so ging der Sturz ohne Verletzung aus."
Nicht von ungefähr haben bei den großen Räumaktionen im Sommer 1945 einsturzgefährdete Mauern oder Schornsteine Priorität. Doch obwohl die Briten mit schwerem Gerät beim Einreißen der Mauerreste helfen, geht die Arbeit nur langsam voran. Trümmerarbeit ist Handarbeit. Bis Ende des Jahres ist zwar die „Schnellräumung" abgeschlossen; die wichtigsten Straßen sind nun trümmerfrei. Doch die eigentliche Arbeit beginnt jetzt erst. Die Stadt wird in 22 Räumbezirke eingeteilt – von denen bis 1948 erst vier von den Trümmern befreit sind. Drei Jahre nach Kriegsende sind

Stein um Stein: Männer räumen an der Ecke von Oster- und Karmarschstraße Trümmer.

erst etwa 1,25 Millionen Kubikmeter Schutt abtransportiert – erst etwa ein Fünftel der Gesamtmenge. Da Pferdefuhrwerke zu langsam und Lastwagen kaum verfügbar sind, werden auf dem Engelbosteler Damm und in der Südstadt Feldbahnen gebaut. „Schutt-Express" nennen die Anwohner die Dampflok aus dem Empelder Kaliwerk, die Loren über Gleise durch den Welfengarten und über die Nienburger Straße aus der Stadt hinaus zieht.

Notgedrungen werden abgeklopfte Steine recycelt, da Baumaterial knapp ist. Es gibt auch Steinputzmaschinen und „Trümmerverwertungsanlagen", in denen nach Maßgabe der Stadtverwaltung aus einem Kubikmeter Schutt noch 35 Hohlblocksteine und 14 Kilogramm Metall gewonnen werden sollen. Auferstanden auf Ruinen ist die Stadt, die so im Laufe der kommenden Jahre entsteht: Das Fundament für Straßenbahnrampen, für die Trassen von West- und Südschnellweg und für das hügelige Wildgehege im Zoo werden mit Trümmerschutt angelegt. Die Leinearme östlich des Staatsarchivs werden mit Trümmern zugeschüttet. Und allein für das Niedersachsenstadion wird ein Berg von 2,5 Millionen Kubikmetern Schutt angehäuft.

Die Räumung zieht sich etwa bis 1954 hin. „Mit den nutzlos erscheinenden Trümmern eines unseligen Krieges", bilanziert das städtische Presseamt zwei Jahre darauf, „sind durch Improvisation und Fantasie, durch zweckmäßige Planung und wirtschaftliche Überlegungen Werke des Friedens errichtet worden."

Noch Jahre nach dem Krieg hausten Menschen in Notunterkünften: Das Foto entstand 1948 im Stöckener „Akku-Lager".

„Die unbewaffneten Hilfspolizisten waren meist machtlos": Razzia auf dem Schwarzmarkt am Hauptbahnhof im Jahr 1946.

DER HUNGER

„Wir schliefen nicht, so knurrte uns der Magen"

Für viele Hannoveraner begann mit dem Frieden die „schlechte Zeit": Die Ernährungslage war katastrophal, **HAMSTERFAHRTEN** hatten Konjunktur – und teils kam es sogar zu großen Hungerprotesten.

Brot wirft man nicht weg. Für die Nachkriegsgeneration ist dieser Satz bis heute eine Art ethisches Grundgesetz. Viele, die das Jahr 1945 bewusst miterlebten, reagieren mit einer Mischung aus Verwunderung und Empörung, wenn sie sehen, dass die Nachgeborenen es damit nicht so genau nehmen. Eine Lektion, die man mit hungrigem Magen gelernt hat, sitzt eben besonders tief. Dabei fing für viele Menschen in Hannover die „schlechte Zeit" paradoxerweise erst mit dem Frieden so richtig an.

„Die Lebensmittelversorgung wurde immer schlechter", erinnert sich der damals 13-jährige Hans-Heinrich Kirchhoff: „Die Zuteilungen wurden ständig reduziert." Die Briten hatten nahtlos das Markensystem aus der NS-Zeit übernommen, das seit Kriegsbeginn galt: Waren wurden „bewirtschaftet", also rationiert und jedem Verbraucher über Karten und Marken zugeteilt.

Einem „Normalverbraucher" standen im April 1945 täglich noch 1540 Kalorien zu. Schon im Mai wurden die Rationen jedoch um ein Drittel gekürzt. Anfangs konnten die Mengen, die den Verbrauchern laut Lebensmittelkarten zustanden, auch tatsächlich ausgegeben werden: Mitte Juni 1945 brachten 200 Bäckereien Brot unters Volk, 100 Schlachtereien gaben Fleisch ab. Doch die Lage verschlechterte sich zusehends. Wenn ein Laden Lebensmittel bekam, mussten die Kunden oft lange anstehen: „Bei einer Schlachterei an der Ecke von Drostestraße und Alter Celler Heerstraße gab es eines Tages Wurstbrühe aus Gemüsewürfeln", erinnert sich die damals zwölfjährige Ursula Dulias: „Schnell bildeten sich lange Menschenschlangen bis zum Wedekindplatz. Viele hielten ein Henkeltöpfchen in der Hand."

Der Hunger hatte viele Gründe: Das besiegte Deutschland

Annemarie Bolla, damals 10 Jahre alt

Schulspeisung mit nach Hause gebracht

„Ende Januar 1945 waren meine Schwester und ich als Flüchtlinge mit unserer Mutter nach Hannover gekommen. Zu essen hatten wir nach dem Krieg sehr wenig. Wir haben gehungert und konnten manchmal nicht einschlafen, so sehr knurrte uns der Magen. Als wir wieder zur Schule gingen, gab es wenigstens die sogenannte Schulspeisung, die ich immer mit nach Hause nahm. Hier wurde sie mit Kartoffeln ‚verlängert', sodass wir alle etwas davon hatten. Wenn heutzutage so viele Lebensmittel auf dem Müll landen, habe ich dafür überhaupt kein Verständnis. Neben dem Hunger machte uns in den Wintermonaten 1945/46 auch die Kälte zu schaffen, denn es gab kaum Heizmaterial für die Öfen. Ein Schulkamerad von mir sammelte auf einer Bahnstrecke Kohlestücke auf, die von den Zügen herabgefallen waren. Dabei wurde er von einer Eisenbahn überrollt."

Ein findiger Kleinunternehmer eröffnete inmitten der Trümmer eine Bratwurstbude.

Ulrich Jung, damals 12 Jahre alt

Eine Tüte Mehl vom Briten

„Die britischen Soldaten kannten uns Kinder, und wir kannten sie. Eines Tages war ein Unteroffizier auf der Straße, mit einer Uniformjacke über dem Arm. Er war befördert worden, und nun musste etwas an der Uniform geändert werden. Ich dachte an meine Großmutter, die Schneiderin war. So bat ich den Soldaten, mir die Jacke mitzugeben. Schließlich saßen die neuen Schulterklappen an ihrem Platz, er nahm die Jacke freudestrahlend in Empfang. Ebenso glücklich war ich, als er mir zum Dank eine Tüte mit weißem Mehl und eine weitere mit Rosinen schenkte. So konnte ich mit Omis Hilfe einen richtigen Topfkuchen backen und meiner Mutter zum 42. Geburtstag schenken. Es sollte der einzige Kuchen bleiben, den ich in meinem Leben je gebacken habe."

konnte keine besetzten Gebiete mehr ausbeuten. Die eigenen Ostprovinzen waren als „Kornkammern" ausgefallen. Außerdem waren Transportmittel knapp, und zugleich strömten immer mehr Heimkehrer und Vertriebene in die Stadt, die versorgt werden mussten: „Die anschwellende Flut der Flüchtlinge wirft alle unsere Kalkulationen über den Haufen", stöhnte der britische Wirtschaftsoffizier Oberst Petterson.

Die Hannoveraner gewöhnten sich bald daran, in Kalorien zu denken, wenn es um Lebensmittel ging: Die Stadtverwaltung gab Freiflächen in der Stadt zum Anbau von Kartoffeln frei. Selbst im Großen Garten wurde Gemüse angebaut, um Krankenhäuser und Heime zu versorgen. Es gab Aufrufe zum Sammeln von Bucheckern, um Öl daraus zu pressen. Bald kochten Hausfrauen Sirup aus Zuckerrüben. Bäcker streckten Brot, indem sie Mais untermischten. Der Laib sah dadurch zwar goldfarben aus, zerbröselte aber beim Schneiden und schmeckte pappig. Und ansonsten hoffte man auf ein Carepaket. „Die Jahre bis zur Währungsreform 1948 standen für die meisten Stadtbewohner im Zeichen existenzbedrohenden

**Karges Mahl:
Die wöchentliche Lebensmittelration für Normalverbraucher über 18 Jahre im Mai 1947.**

Warm war es nur am Küchenherd

Utta-Ingrid Lukat, damals 5 Jahre alt

„Als ich in die Schule gekommen war, fiel der Unterricht im Winter immer wieder tagelang wegen Kohlemangels aus. Ich erinnere mich gut an lange Abende, an denen ich mit meinen Großeltern in der Küche saß. Dort war es warm, weil der Kohleherd wegen des Kochens irgendwie in Betrieb gehalten werden musste. Wir Kinder wurden schnell krank, so mangelernährt und ohne ausreichenden Schutz vor Kälte. Viele meiner Klassenkameradinnen fehlten immer wieder. Auch ich hatte schlimme Erkältungen, die meine Oma mit alten Hausmitteln und Bettruhe kurierte."

„Viele von uns warteten täglich darauf": Kakao-Ausgabe des Schweizer Roten Kreuzes in Misburg 1948.

Hungers", urteilte der Historiker Andreas Urban.
Dabei funktionierte die Versorgung in Hannover noch besser als anderswo. Die Stadtverwaltung verteilte die Lebensmittel nicht nur, sie besorgte sie oft auch gleich selbst: Mit Rückendeckung des Militärkommandeurs beauftragte Oberbürgermeister Gustav Bratke das städtische Ernährungsamt, Nahrung in die Stadt zu holen. Als es im Sommer an Fleisch fehlt, schwärmen Aufkäufer in die Dörfer aus, um Schlachtvieh zu erwerben. Als die Ernte gut ausfällt, lässt Bratke Kartoffeln für den Winter einlagern.

Gleichwohl kann die Stadt die Not nur verwalten. „Uns fehlt Fett und Eiweiß", schreibt die „Hannoversche Presse" am 22. Oktober 1946 anklagend. Die Monate darauf werden als „Hungerwinter" in die Geschichte eingehen. Anfang 1947 spitzt sich die Versorgungslage dramatisch zu. Nur noch 770 Kalorien stehen jedem Hannoveraner täglich zur Verfügung – nicht einmal ein Drittel dessen, was ein „Normalverbraucher" nach Einschätzung der Briten täglich braucht. Bald wanken ausgezehrte Gestalten durch die Stadt; Heizmaterial ist knapp, die Menschen frieren in diesem kalten Winter erbärmlich. Allein im Januar 1947 registrieren die Ärzte binnen sechs Tagen in Hannover zwölf tödliche Lungenentzündungen und 1200 Fälle von Erfrierungen.

In Protesten gegen die Obrigkeit sind die Deutschen nicht geübt. Doch jetzt kommt es zu Massendemonstrationen: „Wir

wollen mehr zu essen" steht auf Transparenten, als sich am 9. Mai 1947 Zehntausende zu einer gewerkschaftlichen Hungerdemonstration auf dem Klagesmarkt versammeln. Delegationen werden zu den Briten und zu Ministerpräsident Hinrich Wilhelm Kopf geschickt. „Die Bevölkerung Hannovers hat alle Entbehrungen bisher mit bewundernswerter Disziplin ertragen", warnt der Verwaltungsausschuss des Rates: „Erste Anzeichen deuten aber darauf hin, dass diese Geduld zu Ende ist."
Immer wieder kommt es zu Streiks und Protesten gegen die schlechte Versorgungslage. Am 3. Februar 1948 versammeln sich bei einer Hungerdemonstration rund 180 000 Teilnehmer. Am 27. April des Jahres sprengen hannoversche Betriebsräte dann eine Kabinettssitzung, um größere Brotrationen zu fordern. Ministerpräsident Kopf setzt sich an die Spitze eines „Hungermarsches" zum Stirling-House der Militärregierung. Doch ehe die Lage eskaliert, kommt die erste große Wende der Nachkriegsgeschichte: Bei der Währungsreform am 20. Juni 1948 bekommt jeder 40 D-Mark. Und schlagartig füllen sich die Geschäfte. Die Not ist damit noch nicht vorbei. Doch die Weichen stehen auf Wirtschaftswunder.

Brot aßen wir meist ohne Belag

„Die Ernährung bestand seinerzeit hauptsächlich aus Steckrüben, matschigen Kartoffeln und häufig auch aus Brot, das meist ohne Belag gegessen wurde. Erst am Tag nach der Währungsreform im Jahr 1948 gab es dann plötzlich wieder alles zu kaufen. Weißbrot war jetzt nicht mehr grau, sondern hell, und Kohle zum Heizen gab es auch wieder. Nun ging es bergauf!"

Helmut Sögtig, damals 12 Jahre alt

Ein Pfund Butter für 250 Mark

Im Schatten der Markenwirtschaft florierte der Schwarzmarkt – obwohl drakonische Strafen drohten

Viele hatten kein gutes Gefühl dabei. Es kam ihnen anrüchig vor, Geschäfte auf der Straße anzubahnen. Illegale noch dazu. Fremden Menschen Angebote zuzuraunen oder ihnen in dunkle Hauseingänge zu folgen. Doch die Not ließ vielen keine Wahl: „Der Schwarzmarkt blühte, besonders vor dem Bahnhof", erinnert sich der damals 13-jährige Hans-Heinrich Kirchhoff: „Dort gab es vieles, was in den Läden nicht zu finden war", sagt er. „Als Währung dienten teils amerikanische Zigaretten."

Ob anrüchig oder nicht: Ungefährlich war der Handel auf dem Schwarzmarkt auf keinen Fall. Schon bald nach dem Einmarsch der Alliierten wiesen die Briten die deutsche Stadtverwaltung an, drakonische Strafen für illegale Kungeleien zu verhängen. Das galt dem Schutz der Schwächeren, die von den kargen Zuteilungen über Marken und Karten leben mussten: Der Volkswirtschaft sollten keine Waren vorenthalten werden. Doch unter den Nazis hatte für das „Schwarzschlachten" von Schweinen oder für illegale Geschäfte sogar die Todesstrafe gedroht – und nicht einmal das hatte den Schwarzhandel eindämmen können.

Wie in einer Versuchsanordnung konnten Ökonomen 1945 beobachten, was passiert, wenn die Kaufkraft das Warenangebot auf dem offiziellen Markt übersteigt: Viele hatten während des Krieges, als es keine Möglichkeit gab, Geld zu verprassen, etwas angespart. Zugleich war in der zerstörten Stadt der Bedarf an eigentlich allem immens: Kleiderbügel, Möbel, Büchsenöffner – alles fand Abnehmer. Für Lebensmittel wurden teils horrende Preise gezahlt: Als ein deutscher „Normalverbraucher" im Monat nur noch 200 Gramm Butter bekam, stieg der Preis für ein halbes Pfund Butter auf dem Schwarzmarkt auf 250 Reichsmark.

Über Mund-zu-Mund-Propaganda verbreitete sich schnell, wer was wollte. Und die Grenzen zu legalen kleinen Tauschgeschäften unter Nachbarn waren fließend. Wer etwas anzubieten hatte oder suchte, konnte Zettel an eine der eigens dafür eingerichteten Wände hängen. Tauschbörsen hatten Konjunktur: „Ich musste meinen Puppenwagen hergeben, damit meine Mutter eine Karre für meinen Bruder tauschen konnte", erinnert sich Ruth Heuer: „Eine 13-Jährige brauche weder Puppenwagen noch Puppe, wurde mir gesagt. Ich war sehr traurig. Auch Kinderschuhe waren ziemlich begehrt." Findige Geschäftsleute machten sich unterdessen daran, mehr oder minder offizielle Geschäfte zu eröffnen: Einige bauten sich aus Backsteinen oder Munitionskisten primitive Stände in den Trümmern auf. Einfache Bretter nutzten sie als Tresen, um Waren feilzubieten. Oft war ein Gartenschirm eine erste Investition ins Marketing. Doch als Regulativ einer zerrütteten Wirtschaft blieb der Schwarzmarkt noch lange bestehen. Razzien vorm Bahnhof oder in der Joachimstraße, wo sich Händler und Kunden trafen, hatten wenig Erfolg: „Die unbewaffneten Hilfspolizisten", erinnert sich Hans-Heinrich Kirchhoff, „waren meist machtlos."

Utta-Ingrid Lukat kam in den Hungerjahren in die Schule. Und dass sie gern in den Unterricht ging, hatte wohl auch damit zu tun,

Auf Hamsterfahrt:
Eine schwerbeladene
Frau am Bahnhof.

dass dort nicht nur ihr Kopf etwas zu tun bekam, sondern auch ihr Magen: „Es gab mittags eine warme Mahlzeit", sagt sie. „Jeden Tag in der zweiten großen Pause fuhren zwei Militärfahrzeuge auf den Schulhof, auf dem wir Kinder schon klassenweise aufgestellt standen. Aus großen Warmhaltekübeln gab es für jeden eine Kelle warmen Eintopf. Für manchen war das die einzige richtige Mahlzeit am Tag."

Die Schulspeisung war ein Erfolgsmodell: Angesichts knapper Rationen ordnete die Militärregierung an, alle Kinder von sechs bis 18 Jahren in den Schulen mit einer warmen Mahlzeit von 300 Kalorien zu versorgen. Etwa 10 000 Schulkinder in der Stadt wurden so täglich verpflegt. Wenn sie morgens aus dem Haus gingen, packten sie die Milchkanne oder das metallene Essgeschirr aus alten Wehrmachtsbeständen bald ebenso selbstverständlich ein wie das Federmäppchen. Oft gab es Schokoladensuppe oder Haferflocken, weniger beliebt war Trockengemüse. Die Eltern zahlten 25 Reichspfennig für das Essen.

Solche Maßnahmen waren auch dringend erforderlich: Aus einem Papier des Kultusministeriums vom 25. Mai 1947 geht hervor, dass nur ein Drittel der Schulkinder gut verpflegt wurde. Dazu hatte man drei Arten von Ernährungszustand definiert: „gut", „mittel" und „schlecht". Als „gut" galt nach amtlicher Definition, wenn „bei auffallendem Licht die Rippen am Brustkorb nicht zu sehen sind".

Anstehen war Alltag: Wenn es Lebensmittel gab, bildeten sich rasch Schlangen, wie vor der Harry-Brotfabrik.

Glanz inmitten von Ruinen: Bis in die Fünfziger blieb das Galeriegebäude Schauplatz von Konzerten.

DIE KULTUR

Mit einem Brikett ging es in die Oper

Das kulturelle Leben kehrte schnell in die zerstörte Stadt zurück. Der **HUNGER NACH ABWECHSLUNG** war groß – gerade weil der Alltag so trostlos war.

DIE KULTUR

Der Rezensent war recht angetan: Heldentenor Reiner Minten sei „packend in der dynamischen Entfaltung seiner Stimme gewesen", schrieb der Kritiker des „Neuen Hannoverschen Kuriers", jenes Nachrichtenblattes der Militärregierung, das Ende Mai, wenige Wochen nach Kriegsende, zum ersten Mal erschienen war. Scheinbar beiläufig kredenzte der Kritiker seinen Lesern ein paar feuilletonistische Feingeistereien – als gäbe es nichts Wichtigeres in einer zerstörten, hungernden, vom Krieg aus der Bahn geworfenen Stadt.

Am 1. Juli 1945, einem Sonntag, hatte der Dirigent Arno Grau um genau 18 Uhr seinen Taktstock gehoben – und mit dieser Geste die Wiederauferstehung von Hannovers Kulturleben eingeläutet. Da das Opernhaus noch in Trümmern lag, ging das erste Konzert nach dem Krieg im Galeriegebäude in Herrenhausen über die Bühne. Der Saal war voll besetzt; Karten hatte es für vier Reichsmark im Notgeschäft der Buchhandlung Sachse & Heinzelmann an der Podbi gegeben. Auf dem Programm standen unter anderem Partien aus dem „Fidelio". Zehn Tage darauf war in Herrenhausen „Cavalleria rusticana" zu sehen – als erste Opernaufführung in Deutschland nach dem Krieg.

„Im Winter saßen wir in Mänteln in dem kalten Gebäude. Besucher waren gehalten, ein Brikett zum Heizen mitzubringen", erinnert sich der 87-jährige Dieter Tasch. Der langjährige Chefreporter der HAZ erinnert sich noch gut an die Opernaufführungen im Galeriegebäude. Meist waren die Vorstellungen ausverkauft: „Das Bedürfnis nach Ablenkung war sehr groß", sagt er. „In jener Zeit kreiste ja alles nur um die primitivsten Bedürfnisse: Wo bekomme ich etwas zu essen? Heizmaterial?

Helga Laue, damals 24 Jahre alt

Die Aufführungen waren oft überfüllt

„Wir machten uns fein, so gut es eben ging, und fuhren mit dem Fahrrad von der Podbi zum Galeriegebäude. Vieles an den Operninszenierungen dort war noch improvisiert. Einmal – ich glaube, bei ‚Aida' – fiel eine Sängerin von der Bühne ins Orchester. Doch die Aufführungen waren oft überfüllt. Wir rannten auch zweimal in der Woche ins Kino, wo amerikanische Filme gezeigt wurden. Nicht, dass Marika Rökk schlecht gewesen wäre – aber das war doch eine ganz andere Welt. Und ich erinnere mich an eine ‚Hamlet'-Inszenierung im Ballhof, die mich so berührte, dass ich nicht mehr weiß, wie ich anschließend zur Straßenbahn gekommen bin. Ich selbst kam 1948 dann zum Hannoverschen Kulturkreis. Die Briten hatten uns für Theaterproben Räume in einer Villa am Zoo zugewiesen. Unser erster Spielleiter war Ernst Löns, der Bruder von Hermann Löns. Im Lister Turm brachten wir Stücke wie Molières ‚Eingebildeten Kranken' auf die Bühne."

Die Kinobranche – rechts die Weltspiele, die „Schneewittchen" zeigten – war in der Nachkriegszeit der wohl profitabelste Wirtschaftszweig in der Stadt überhaupt.

DIE KULTUR

Ilse Köhler, damals 12 Jahre alt

Eintrittskarten gegen Erlaubnisscheine

„Mein Vater war Theaterschuhmachermeister am Opernhaus. Nach seiner Entlassung aus englischer Gefangenschaft kümmerte er sich gleich um seinen Fundus. Er war ein Künstler und fertigte die Schuhe per Hand. Als es kalt war, mopsten wir Holz in der Eilenriede – bis sie meinen Vater erwischten. Zum Glück waren Förster und Polizist Opernliebhaber. Er besorgte ihnen Eintrittskarten. Die waren knapp, weil im Galeriegebäude nur eine Seite vom Mittelgang für deutsche Besucher vorgesehen und die andere Seite für Engländer reserviert war. Dafür bekamen wir Erlaubnisscheine für Holz – und konnten wieder heizen."

Ein paar Schuhe? Da war jede Abwechslung willkommen." Das scheinbar Überflüssige wurde in dieser Zeit zu einer Art Überlebenshilfe. Die Rituale des Kulturbetriebs inszenierten ein Stück Normalität. Und die Kultur bot kleine Fluchten aus dem Elend des Alltags.

Schon Wochen nach Kriegsende kam das kulturelle Leben wieder in Gang: Eine Woche nach der Opernpremiere gab es im Capitol am Schwarzen Bären die erste deutsche Varietévorstellung (der „Continental-Express"). Am 22. Juli kamen 8000 Menschen zum Radrennen am Schlachthof. Und die Briten erlaubten dem Kinobesitzer Robert Billerbeck, den Gloria-Palast an der Hildesheimer Straße einzurichten. In jenem Sommer zeigte das Capitol den Revuefilm „Frau meiner Träume" mit Marika Rökk. In den Herrenhäuser Lichtspielen lief Heinz Rühmanns „Sophienlund", im Apollo „Zirkus Renz" – und überall bildeten sich vor den Kassen lange Schlangen. Der „Neue Hannoversche Kurier" notierte überrascht, „wie stark das Bedürfnis der hannoverschen Bevölkerung nach kulturellen Dingen ist". Ende Oktober avancierte Heldentenor Minten zum Intendanten. Generalmusikdirektor wurde – nach langwieriger Entnazifizierung – 1947 der angesehene Dirigent Franz Konwitschny.

„Gegen den Willen der britischen Kulturoffiziere wäre das alles nicht möglich gewesen", sagt Dieter Tasch. „Sie hatten großes Interesse daran,

Gefeierte Kulturereignisse: Der „Neue Hannoversche Kurier" druckte am 17. Juli ein Szenenbild aus „Cavalleria rusticana". Er berichtete am 31. August über das Gastspiel des Zirkus Belli und am 3. Juli vom Konzert im Galeriegebäude.

Neuer HANNOVERSCHER KURIER

Artisten aus siebzehn Nationen
Gastspiel des Wanderzirkus Belli auf dem Welfenplatz in Hannover

Nach langer Zeit ist wieder ein großer Wanderzirkus nach Hannover gekommen. Wohnwagen, Werkstätten, Stallungen und zwei große Rundzelte bilden auf dem Welfenplatz ein Gemeinwesen für sich, umweht vom Geheimnis der Fremde und der Luft des Abenteuers. 300 Menschen aus 17 Nationen haben sich zu einer einzigen großen Familie zusammengefunden. In ihnen allen kreist das gleiche Zirkusblut. Artisten sind international. Selbst in den schlimmsten Tagen sind sie ohne Weltfriedensorganisation ausgekommen.

Wäsche flattert im Winde. Eine Schar Gänse watschelt über den Platz. Neben diesem dörflichen Idyll ist Technik mit allen Schikanen zu finden: ein eigenes fahrbares Elektrizitätswerk mit einem Kabelnetz von vier Kilometer Länge. Die Sechs-Zylinder-Dieselmaschine, ein umgebauter U-Boot-Motor, läßt am Abend 7500 Glühbirnen in festlichen Glanz erstrahlen und wäre imstande, eine Kleinstadt ganz allein mit Kraft und Licht zu versorgen.

Die Arena unter dem luftigen Viermastenzelt umfaßt 5000 Sitzplätze. Das zweite Rundzelt ist als Stallung, hauptsächlich für die über hundert Rassepferde, eingerichtet, und während draußen noch aufgebaut wird, proben hier bereits edle Trakehner Rappen in der Manege. Die ganze Skala der Pferdetemperamente ist unter dieser Zeltplane vertreten: vom feurigen Berberhengst bis zum kaltblütigen Ermländer. Das kostbarste Pferd ist die Stute Flora, auf der Harri Belli „Hohe Schule" reitet.

Abseits stehen die beiden Elefanten-Damen Siam und Ceylon. Fräulein Siam, die Drahtkünstlerin, schwenkt mißgelaunt ihren Rüssel. „Bitte treten Sie nicht zu nahe heran! Sie hat bereits drei Wärter ins Krankenhaus gebracht und ist wenig menschenfreundlich", wird uns mit dem Hinweis auf ihre tückischen

Gute Freunde

handen sein, was zur erregenden Atmosphäre der Manege gehört, Trapezkünstler und Parterre-Akrobaten, fliegende Menschen und springende Teufel, verwegene Kunstfahrer und graziöse Tänzerinnen, die gern belachten Späße der Clowns nicht zu vergessen. Und damit

Wiederum Symphoniekonzert

Am Sonntag, dem 1. Juli, fand im Herrenhäuser Theater das erste Symphonie-Konzert für die deutsche Zivilbevölkerung statt. Das Symphonie-Orchester des Hannoverschen Opernhauses unter Leitung von Arno Grau sowie die Künstler Erna Fahrig und Rainer Minten wurden von einem den Saal bis auf den letzten Platz füllenden Publikum immer wieder dankbar akklamiert.

Wallfahrtsort für Geist und Seele

„Es gab damals nicht nur den ganz banalen Hunger. Auch kulturell waren wir förmlich ausgehungert nach diesem grauenvollen Krieg. So wurde das Galeriegebäude zum Wallfahrtsort für Geist und Seele. Besucher hatten Briketts oder Kohle mitzubringen. Sie waren auch für das Füllen großer gusseiserner Öfen zuständig, die an den Seiten standen. Der Hauch von Wärme konnte die Bühne natürlich kaum erreichen. Hindemiths ‚Mathis, der Maler', vormals ‚entartete Kunst', stand auf dem Programm. Dick eingemummelte Musiker spielten mit fingerfreien Handschuhen. Und die Sänger agierten für das dankbarste Publikum, das sich denken lässt."

Städtische Bühnen - Hannover — Galeriegebäude 642 — Reihe 39 rechts — Dienstag, den 18. Mai 1948

Utta-Ingrid Lukat, damals 5 Jahre alt

kulturelle Veranstaltungen zu etablieren." Die Alliierten boten den darbenden Deutschen 1945 Brot und Spiele: „Das Volk braucht Vergnügen, insbesondere in dem vor uns liegenden Winter, um nicht an die schwere Last zu denken", erklärte der britische Oberst Yates. Während Opern längst wieder gespielt wurden, blieben Theaterinszenierungen jedoch vorerst verboten: „Die Briten waren misstrauisch", sagt Tasch. „Sie fürchteten, dass Sprechtheater politisch nicht auf ihrer Linie sein könnte."

Die Briten ebneten auch vormals verfemten Künstlern den Boden. Im Beethoven-Saal, den die Engländer für Veranstaltungen herrichten ließen, gastierte bald Ernst Krenek. Unter den Nazis hatte der experimentierfreudige Komponist als „Kulturbolschewist" gegolten. „Als er dort auftrat, war der Saal pickepackevoll", erinnert sich Dieter Tasch. Die Jüngeren, die sich an die Zeit vor 1933 nicht erinnern konnten, lernten erst jetzt Musiker wie Krenek kennen. In der Georgsbuchhandlung gab es jetzt Rororo-Taschenbücher, im großformatigen Zeitungsdruck. Ein begieriges Publikum entdeckte Autoren wie Thomas Mann oder die Maler der klassischen Moderne, die in der 1948 wiedergegründeten Kestnergesellschaft zu sehen waren.

DIE KULTUR

Marie Luise Stephan, damals 9 Jahre alt

Im Stehen „Carmens" letzten Akt verfolgt

„Meinen ersten Opernbesuch verdanke ich der Ausgangssperre, die damals von 22 Uhr an galt. Am Ende der Vorstellungen im Galeriegebäude fuhren die letzten Straßenbahnen für die Theaterbesucher in alle Richtungen. Wir hatten Freunde in Herrenhausen besucht und wollten die letzte Bahn nehmen. Wir waren zu früh an der Haltestelle, der Theaterportier ließ uns ins Gebäude, und wir durften im Stehen dem letzten Akt von ‚Carmen' lauschen. Ein tolles Erlebnis! Ich hab' Mund und Nase aufgesperrt und schwer wieder zubekommen."

Rasch wurden auch Sportvereine wieder erlaubt. Bald bat die Gartenkirche zum Balladenabend, die „Swingmakers" spielten im Capitol, und wenn die Briten mit ihren Militärmotorrädern Sandbahnrennen am Lindener Berg veranstalteten, kamen Tausende Besucher: „Viele pilgerten aus Döhren oder der List zu Fuß dorthin", sagt Tasch. „Bei Regen wurden die Zuschauer zwar von oben bis unten mit Matsch bespritzt – dafür konnte man mit etwas Glück einen Milchtee ergattern."

Junge Leute lernten bei Diskussionsveranstaltungen im deutsch-englischen Jugendclub am Maschsee-Strandbad nun eine Debattenkultur nach angelsächsischem Stil kennen, wie sie in der Hitler-Jugend undenkbar gewesen wären. Und Dieter Tasch wurde zum Manager der Kombo „Schwung und Rhythmus", die in einem Waldheimer Lokal Swingmusik spielte: „Einer von uns hatte amerikanische Platten besorgt, wir spielten die Big-Band-Hits von Glenn Miller nach", sagt er. So färbte die Kultur schon Monate nach dem Krieg das Lebensgefühl um. Und sie wurde zum Fundament einer neuen Zeit.

„Wir saßen in Mänteln im kalten Gebäude": Dieter Tasch erlebte die Konzerte im Galeriegebäude mit.

Zerstörte Kulturstätte: Das Herrenhäuser Schloss war ein Opfer der Bomben geworden.

In den Ruinen entspann sich ein reges Sexleben

Der Lebenshunger der Davongekommenen war groß – und er traf auf die Moral der Sittenhüter

Die Militärregierung achtete auf Sitte und Anstand: Als eine Polizeistreife in einem Lokal an der Ecke von Schlegel- und Tieckstraße 1945 minderjährige Mädchen beim öffentlichen Tanz aufgriff, wurden die Besatzer deutlich: „Das ist strengstens verboten", mahnten sie den Wirt. „Im Wiederholungsfall wird ihr Lokal geschlossen." Solche Warnungen waren offenbar bitter nötig. Denn der Hunger nach Leben war groß.

Der Sommer 1945 ist vielen, die damals jung waren, nicht nur als Zeit von Not und Ungewissheit in Erinnerung geblieben, sondern zugleich als eine Zeit, in der sich nach den Jahren des Krieges eine unbändige Lebenslust Bahn brach. Viele, die überlebt hatten, versuchten jetzt gierig, Versäumtes nachzuholen. Teils lebten dabei bürgerliche Konventionen wieder auf: Tanzschulen wie die von Else Francke boten bald wieder Tanzkurse an, die schnell überlaufen waren. Teils griff aber auch eine bis dato ungekannte Zügellosigkeit um sich: „Auf den Dörfern war sonntags Schwof in allen Sälen", erinnert sich ein Teenager von damals. „Wenn wir Foxtrott oder Schieber tanzten, kamen auf zehn Mädchen oft nur zwei Jungen – da lief dann oft was."

Während ein großer Teil der deutschen Männer zwischen 20 und 30 Jahren noch in Gefangenschaft war, dienten britische Soldaten sich den deutschen Damen an – mit Seidenstrümpfen und Schokolade: „Nicht alle Frauen waren besonders standhaft", sagt eine Hannoveranerin. Der spätere Oberstadtdirektor Karl Wiechert notierte empört in seinem Tagebuch: „Die Würdelosigkeit von Frauen und Mädchen ist beschämend."

Abseits romantischer Techtelmechtel mit wohlhabenden Ex-Feinden wurden andere Frauen durch blanke Not in die Straßenprostitution getrieben. Insbesondere am Bahnhofsbunker, der als Notunterkunft genutzt wurde, herrschten prekäre Zustände: Rund 900 entwurzelte Menschen vegetierten in dem stickigen Bau auf Holzpritschen vor sich hin; der Bunker wurde zu einer Brutstätte von Elend und Kriminalität. Jugendbanden marodierten durch die Stadt, ständig gab es Razzien der Polizei auf dem nahen Schwarzmarkt, bei denen sich dann Huren und Händler bei halsbrecherischen Fluchten in die Trümmerwüsten absetzten. Dennoch griff die Polizei in einer einzigen Nacht am Bahnhof 233 geschlechtskranke Frauen und Mädchen auf. Mit Plakaten warnten die Briten ihre Soldaten vor Geschlechtskrankheiten.

Unter der Hand dachte die Stadt bald über die Einrichtung eines Bordells nach, möglichst weit draußen in Bothfeld. Das alte Rotlichtviertel an der Roten Reihe war ja zerstört. Männer steckten sich Adressen von Wohnungen zu, in denen Callgirls ihre Dienste anboten – bezahlt wurde in Naturalien.

Das reguläre Liebesleben der Durchschnittsdeutschen stand 1945 eigentlich unter keinem guten Stern: Abgesehen davon, dass viele

„Die Würdelosigkeit ist beschämend": Karl Wiechert zeigte sich empört ob der sittlichen Zustände – und die Briten warnten mit Plakaten vor Geschlechtskrankheiten.

Männer schlicht noch nicht heimgekehrt waren, war die Wohnungsnot groß: „Intimität war oft nur schwer möglich, da jede bewohnbare Butze belegt war", erinnert sich ein Hannoveraner, der damals jung war. „In überfüllten Räumen lässt sich traute Zweisamkeit ja gar nicht so leicht arrangieren." Paare entdeckten den Reiz von Ausflügen in schwer einsehbare Sandkuhlen. „Man traf sich auch zum Tête-à-Tête auf abseits gelegenen Bänken in der Eilenriede – oder auf lauschigen Friedhöfen", sagt ein Zeitzeuge.

Es gibt einen untrüglichen Beweis dafür, dass sich trotz aller Widrigkeiten in der zerstörten Stadt ein reges Sexleben entspann: die städtische Geburtenstatistik. Im Jahr 1946 wurden in Hannover 4860 Kinder geboren – in einer entvölkerten Stadt, in der bei Kriegsende gerade noch 217 000 Menschen lebten. Im Jahr 2013, nach fast 70 Jahren Frieden, zahlreichen Eingemeindungen und der Erfindung der Pille, lag Hannovers Bevölkerungszahl mit 518 000 Einwohnern mehr als doppelt so hoch. Die Zahl der Geburten jedoch lag mit 5206 Kindern nur knapp über der von damals.

Die Oper war im Juli 1943 zerstört worden. Erst 1950 war sie wieder aufgebaut und nahm mit Richard Strauss' „Rosenkavalier" am 30. November den Spielbetrieb wieder auf.

Viele lebten noch Jahre nach dem Krieg in Massenquartieren, wie auf diesem 1947 in Harkenbleck aufgenommenen Bild.

DIE VERTRIEBENEN

Flüchtlingskinder mussten betteln gehen

Zehntausende Heimatvertriebene kamen nach Hannover. Hier schlug ihnen eine Mischung aus **MITLEID UND MISSTRAUEN** entgegen. Ihre Not war groß – doch sie wurden auch zum Motor des Wirtschaftswunders.

Er war erst elf Jahre alt, als er lernen musste, dass Armut ihre eigenen ökonomischen Gesetze hat. „Erwachsene hatten beim Betteln meist wenig Erfolg, also wurden wir Kinder losgeschickt", sagt Lothar Stolla. „Wir erregten mehr Mitleid." Seine Mutter hatte sich im Januar 1945 in Ostpreußen mit vier Kindern auf die Flucht gemacht. Am Ende eines dramatischen Weges waren sie in einem Bauernhof bei Lehrte einquartiert worden. Da die Lebensmittelrationen hinten und vorne nicht ausreichten, um die Familie satt zu bekommen, fuhr Lothar Stolla also mit seinem kleinen Bruder ein- oder zweimal in der Woche zum Betteln nach Sehnde: „Dort gab es weniger Flüchtlinge als bei uns."

Bei jeder Tour klapperten die Brüder mehr als 20 Bauernhöfe ab und sagten ihren Spruch auf: „Wir sind Flüchtlingskinder und haben Hunger ..." Mal bekamen sie eine Schnitte Brot, mal ein paar Kartoffeln zugesteckt: „Besonders haben wir uns gefreut über Eier oder Wurst." Allmählich lernten die Kinder die Bauern kennen: „Die meisten trieben mit ihren Lebensmitteln lieber Schwarzhandel, als uns etwas abzugeben", sagt der 81-Jährige, der noch immer in Lehrte lebt. Die Kinder lernten, wie bitter es ist, grob abgewiesen zu werden. Doch die Not zwang sie immer wieder auf die Straße: „Es machte uns traurig, wenn wir sahen, dass unsere Mutter nicht wusste, was sie für uns kochen sollte."

Das millionenfache Unterwegssein war ein Signum des epochalen Bruchs von 1945. Halb Europa war damals auf den Beinen: Verschleppte Zwangs-

Franz Scholz, damals 5 Jahre alt

Nie mehr hungern, immer Brot im Haus

„Ich wurde im schlesischen Neisse geboren. Nachdem wir unsere Heimat hatten verlassen müssen, waren wir bitterarm – alles mussten wir zurücklassen. Als Kind hatte ich immer Hunger. Nachmittags ging ich zu Bauern, um zu helfen. Geld gab es kaum – aber etwas zu essen! Einmal war Kirmes, das wichtigste Fest im Dorf, wenn man Geld hat. Da sah ich, wie der Sohn vom größten Bauern eine Wurst aß. Er prahlte: ‚Ich kann so viele Würstchen essen, wie ich will!' Uns Flüchtlingskindern lief das Wasser im Mund zusammen. Er aß eine Wurst nach der anderen. Das Weißbrot warf er auf die Erde und trat darauf. Das war zu viel für mich! Ich hatte Hunger, und er trat das Brot im Dreck platt. Ich nahm meine ganze Kraft zusammen und drückte seinen Kopf zur Erde: ‚Du isst jetzt das dreckige Brot!' Ich habe nicht eher locker gelassen, bis er es gegessen hatte. Dieser Dickmops hatte ja keine Ahnung, was Hunger bedeutet. Nach der Schulzeit lernte ich Bäcker. Ein toller Beruf: Nie mehr hungern, immer Brot im Haus. Mein bester Freund wurde Fleischer."

„Wir sind Flüchtlingskinder und haben Hunger": Lothar Stolla kam aus Ostpreußen nach Lehrte.

Viele hatten – wie die Mutter, die 1946 ihre Koffer über den Ernst-August-Platz trug – kaum das Nötigste retten können.

Monika Ganseforth, damals 4 Jahre alt

Eine Tante aß ihre Rationen sofort auf

„Im Januar 1945 flohen wir aus dem oberschlesischen Gleiwitz. Ich kann mich nicht erinnern, direkt Hunger gehabt zu haben. Aber ich erinnere mich an viele Details, die sich ums Essen drehten. Das muss also eine große Rolle gespielt haben. Eine Tante von mir soll ihre Rationen immer sofort aufgegessen haben, wenn Lebensmittel zugeteilt wurden. Andere, die wie wir bei ihr einquartiert waren, versteckten ihre Rationen. Meine Tante kannte viele Tricks, Essen schmackhafter zu machen: Eine Schnitte trockenes Brot, Scheiben gekochte Kartoffeln darauf, etwas Salz. Wenn man das mit geschlossenen Augen isst, schmeckt es fast wie Brot mit Ei."

arbeiter und Kriegsheimkehrer schlugen sich in Fußmärschen teils über Hunderte von Kilometern nach Hause durch. Städter mussten zu Hamstertouren aufs Land ausrücken. Und besonders hart traf es Millionen Flüchtlinge und Vertriebene. Sie wurden, oft zusammengepfercht in Viehwaggons, mit Gewalt in den Westen verfrachtet.

Die entkräfteten Menschen erfuhren hier oft wenig Solidarität: Viele sahen in den traumatisierten, misshandelten Ostdeutschen oft nur unliebsame Konkurrenten um Lebensmittelrationen. Unternehmer versuchten mit allen Tricks, ihre Villen von Zwangseinquartierungen frei zu halten; Wohnzimmer wurden flugs zu Büros umdeklariert. Andere kassierten als Vermieter horrende Mieten von Flüchtlingen. Die von den Nazis so oft beschworene „Volksgemeinschaft" erwies sich für die Vertriebenen vollends als Illusion.

In Hannover wuchs die Zahl der Flüchtlinge, die oft mit einer Mischung aus Mitleid und Misstrauen beäugt wurden, rapide. Jede Woche strömten etwa 1500 Menschen – auch Kriegsheimkehrer und Arbeitssuchende – in die zerstörte Stadt. Sie alle mussten untergebracht und versorgt werden. Der Flüchtlingszustrom erwies sich als größtes Problem der Nachkriegszeit. Bis Anfang November 1946 waren

Viele Flüchtlinge schliefen anfangs in Notunterkünften auf Stroh.

**Annemarie Bolla,
damals
10 Jahre alt**

Gemüse auf abgeernteten Feldern gesucht

„Meine Schwester und ich waren Ende Januar 1945 als Flüchtlinge mit unserer Mutter nach Hannover gekommen. Es dauerte, bis in unser Leben so etwas wie Normalität Einzug hielt. Meine Mutter fuhr mit der Straßenbahn aufs Land, um auf abgeernteten Feldern nach Gemüse zu suchen. Bucheckern suchten wir alle zusammen, denn die konnten gegen Öl eingetauscht werden. Wir können froh und dankbar sein, dass wir seit 70 Jahren in Frieden leben – und wir sollten Mitgefühl haben mit den Not leidenden Flüchtlingen heute!"

Entwurzelte Menschen: In Nissenhütten am Bahnhof wurden Vertriebene bei der Ankunft notdürftig verköstigt.

18 000 Flüchtlinge und Vertriebene in neun Transporten nach Hannover gekommen. Weitere 25 000 waren trotz Zuzugssperre in die Stadt geströmt. Im September 1950 waren in Hannover von 443 941 Einwohnern 20,9 Prozent Flüchtlinge. Bis zum Jahr 1955 stieg ihr Anteil auf 27,3 Prozent.

Der Rat trat am 8. August 1946 zu einer Krisensitzung zusammen. Er erklärte mit Nachdruck, es sei unmöglich, „noch Tausende von Ostflüchtlingen in einen Trümmerhaufen hineinzunehmen". Bei einem weiteren Zustrom drohten Gefahren, „welche die mühsam bewahrte Zivilisationsgemeinschaft aufs Schwerste bedrohen". Die Massierung von bitterarmen, entwurzelten Menschen barg enormen sozialen Sprengstoff.

Der Regierungspräsident Hinrich Wilhelm Kopf stellte den oft elend dahin vegetierenden Flüchtlingen schon im September 1945 in Aussicht, Wohnraum gerecht zu verteilen und Möbel für sie zu beschaffen. Er erinnerte die Mehrheitsbevölkerung in seinem dramatischen Appell daran, „daß sie es nur einem glücklichen Zufall zu verdanken hat, daß sie sich nicht in der gleichen Lage wie die Flüchtlinge befindet. Es ist Menschen- und Christenpflicht, für den bedauernswerten Mitmenschen zu sorgen."

Vergeblich versuchte die Militärregierung, die Flüchtlinge gleichmäßig im Land zu verteilen. Insbesondere junge, ungebundene Männer zogen auf eigene Faust dorthin, wo sie ihre Zukunft sahen. Obwohl es offiziell Zuzugssperren für die zerbombten Städte gab, heuerten Unternehmen dort die oft gut ausgebildeten Vertriebenen als

Arbeitskräfte an. So wurden die Städte nicht zuletzt von Flüchtlingen wieder aufgebaut. Überhaupt erwies sich deren Mobilität für die Industrie als Segen: Stärker als die Eingesessenen zogen sie dorthin, wo es Arbeit gab. Zugleich zeigten viele einen eisernen Willen zum sozialen Aufstieg. Und da sie alles verloren hatten, wurden sie auch als Konsumenten von Kleidung oder Möbeln zum Motor des Wirtschaftswunders. Gut 1,8 Millionen Ostflüchtlinge lebten 1950 in Niedersachsen – fast ein Drittel der Bevölkerung. In Hannover entstanden ganze Stadtteile wie Seelhorst oder Mittelfeld, um für sie Wohnraum zu schaffen. Allen Problemen zum Trotz wurde die Integration von Millionen Flüchtlingen zu einer Erfolgsgeschichte – vielleicht zur größten in der Geschichte der Bundesrepublik überhaupt. Sie gelang so gründlich, dass schon den Kindern der Vertriebenen ein Wort wie „Integration" unangebracht für ihre Familie erscheint.

Die Nachgeborenen sind in Hannover zu Hause, und oft wissen sie kaum noch etwas von den Wurzeln ihrer Familie. Auch, wenn sie am Rübezahlplatz oder in einer Breslauer Straße leben.

Wir verstanden den Dialekt nicht

„Ich weiß noch, dass wir nicht gerade begeistert über die drei Flüchtlingsfamilien waren, die in unserem Acht-Parteien-Haus in Vahrenwald untergekommen waren. Wir verstanden ihren Dialekt nicht, es waren so viele Kinder dabei, und die alten, verhärmten Leute machten uns Angst. Insgesamt wurden Flüchtlinge oft als ein nicht zu verhinderndes Übel hingenommen und gemieden. Dabei hätten die entwurzelten und traumatisierten Menschen Hilfe bitter nötig gehabt."

Eva Danneberg, damals 8 Jahre alt

DIE LAGER

„Wir stehen vor einer Katastrophe des Elends"

Flüchtlingsunterkünfte waren teils als Brutstätten von Kriminalität und Prostitution verschrien

Es war eine aufrüttelnde Rede. In drastischen Worten schilderte die SPD-Sozialpolitikerin Emmy Lanzke im Rat das Schicksal der Flüchtlinge, die zu Tausenden in Baracken und Bunkern untergebracht waren: „Sie liegen auf zementierten Fußböden und in ungeheizten Räumen, die zum Teil nicht die einfachsten hygienischen Einrichtungen aufweisen", sagte sie. „Das Elend dieser Menschen, die mit ihrer Heimat alles verloren haben, ist unbeschreiblich."

Die Hilfsorganisationen seien heillos überfordert, erklärte Lanzke: „Kranke sind mit Gesunden und Kinder mit Erwachsenen zusammengepfercht, die bisweilen jede Rücksicht in sittlicher Beziehung vermissen lassen." Quintessenz ihrer Rede vom Oktober 1946: Die Alliierten müssten unbedingt verhindern, dass noch mehr Flüchtlingstransporte nach Hannover kämen. Es sei unübersehbar, „dass wir vor einer Katastrophe des Elends stehen".

Im Monat darauf kam erneut ein Transport mit 2043 Vertriebenen in Hannover an. Zwei Drittel von Ihnen wurden in Tanzsälen einquartiert. Schulen wie die an der Kestnerstraße wurden als Flüchtlingsunterkunft genutzt, ebenso Gaststätten oder die Bunker am Pfarrlandplatz oder an der Bömelburgstraße. In Stöcken wurden die Vertriebenen sogar in früheren KZ-Baracken einquartiert. Oft hausten in den dunklen, kalten Unterkünften wildfremde Menschen ohne Öfen oder Bettstellen auf engstem Raum nebeneinander.

Das Elend könnte in einem Roman von Charles Dickens oder einem Drama von Gerhart Hauptmann seinen Platz haben: Im Lager an der Hinüberstraße muss eine Elfjährige ihre jüngeren Geschwister versorgen, wenn die Mutter, eine Kriegerwitwe aus Breslau, arbeiten geht. Im Lager Empelde, den ehemaligen Dynamit-Werken, haust eine schlesische Mutter mit sechs Kindern über Wochen hinweg auf nacktem Zementboden. „Gebt uns doch Gift, wenn ihr uns nicht helfen könnt!", rufen verzweifelte Flüchtlinge der Politikerin Emmy Lanzke zu, als diese solche Lager besucht.

In den Notquartieren breiten sich Krankheiten schnell aus, die Angst vor Epidemien ist groß. Einheimische machen meist einen weiten Bogen um die Behausungen: Die Lager gelten ihnen bald als Brutstätten von Kriminalität und Sittenlosigkeit. Die „Hannoversche Presse" beklagt im Oktober 1946 die „unhaltbaren Zustände" im Tiefbunker am Hauptbahnhof. Dort grassieren Schwarzhandel und Prostitution. Alleinstehende Jugendliche würden „das Ansehen der Flüchtlinge und Zwangsvertriebenen, die unserer ganzen Hilfe und Unterstützung bedürfen, in Mißkredit bringen".

Erste Station vieler Vertriebener ist der Hauptbahnhof: Helferinnen des DRK geben täglich Mahlzeiten für bis zu 1000 Flüchtlinge aus: Eintopf für die Erwachsenen, Grießbrei für Kinder. Flüchtlingswegweiser zeigen den Neuankömmlingen, wo die Tonnenbaracken sind, in denen sie Bollerwagen oder Koffer abstellen können.

Unbeschreibliches Elend: Teils hausten Menschen auf Jahre in Notquartieren.

Während sich die oft ausgemergelten Menschen um Formalitäten kümmern müssen, können sie ihre Kinder in Betreuungseinrichtungen abgeben. Jeder bekommt eine Bettkarte, auf der eingetragen ist, wo er die nächsten Nächte schlafen soll. Doch die Quartiere werden rasch knapp. Fieberhaft arbeitet die Stadt daran, möglichst viele Notunterkünfte winterfest zu machen.

„Wir sollten die Menschen zurück Richtung Osten schicken", erklärt lapidar der britische Provinzgouverneur, Oberst Bruce. „Wir sollten mit den Russen darüber verhandeln." Nur mühsam lässt er sich davon überzeugen, dass Sowjets und Polen die Vertriebenen kaum zurücknehmen würden. Und so bleibt das Flüchtlingsdrama über Jahre Hannovers größtes Problem: Noch 1950 leben mehr als 37 000 Menschen in Massenunterkünften. Und teils hausen Flüchtlinge noch bis in die Sechzigerjahre in schäbigen Baracken.

In Bunkern oder Baracken teilten sich ganze Familien winzige Räume.

Kunst der Improvisation: Vor der Kulisse des Anzeiger-Hochhauses gab es eine Tauschbörse mit Zettelwänden.

DIE WIRTSCHAFT
Ohne Kohle läuft es nicht

Überraschend zügig nahmen viele Betriebe 1945 inmitten der Trümmer die Produktion wieder auf – doch zum **WIRTSCHAFTSWUNDER** kam es erst nach der Währungsreform.

DIE WIRTSCHAFT

Am 13. April 1945 fährt ein britisches Militärfahrzeug durch die offenen Werkstore. Kein Mensch ist zu sehen, das Areal der Misburger Erdölraffinerie Deurag ist im Wortsinne ein Schlachtfeld. Zahlreiche Bomberangriffe haben das Betriebsgelände verwüstet: Eisenbahnwagen liegen wie Spielzeuge neben den Schienen, Leitungen sind zum grotesken Knäuel verbogen, die Erde ist mit stinkendem Ölschlamm getränkt. „Wochen wird man brauchen, um nur die Trümmer wegzuräumen", attestieren Experten den Briten – ein geregelter Betrieb sei hier auf absehbare Zeit undenkbar. Doch das ist ein Irrtum.

Die Alliierten setzen alles daran, die Raffinerie wieder in Gang zu bringen. Hunderte Helfer räumen auf, Fachkräfte flicken mit viel Improvisationstalent aus den Trümmern neue Anlagen zusammen. Und schon am 7. August vermeldet der „Neue Hannoversche Kurier" (NHK) einen Triumph: „Misburg voll in Betrieb!" Täglich würden dort wieder eine Million Liter Treibstoff und Schmieröl produziert, schreibt das Nachrichtenblatt der Alliierten Militärregierung. So ließe sich der Ausfall der Ruhrkohle wenigstens teilweise überbrücken – „bis Wasserstraßen und Eisenbahnen für Kohlentransporte wieder offen sind".

Das Blatt der Briten brachte gern Erfolgsmeldungen – besonders, wenn Engländer als Aufbauhelfer agierten. So berichtete es im August 1945 umfassend über den 100. Nachkriegstraktor, der in Hannover hergestellt worden war: „Das erste freudige Ereignis, das die Hanomag nach dem Kriege feiern kann." Das Werk war zwar stark beschädigt worden, und danach hatten Plünderer auch noch wichtige Messinstrumente mitgehen lassen. Doch da Traktoren für die Landwirtschaft wichtig waren, hatten die Briten für eine zügige Umstellung „von Kriegs- auf Friedensproduktion" gesorgt. Am 10. Juli war die Fertigung wieder

Maria Rank, damals 19 Jahre alt

Wie wir den „Spiegel" gründeten

„Nach dem Krieg bekam ich zunächst eine Stelle ‚beim Engländer': In der Bäckerei an der Ecke von Berckhusenstraße und Dohmeyers Weg ließen die Briten Brot backen. Ich musste die Maße und Gewichte aus englischen Rezepten in Liter und Gramm umrechnen. Vom Spätsommer an besuchte ich dann die Buhmann-Handelsschule. Ein Lehrer sagte mir, dass eine neue Zeitschrift gegründet werden sollte. Ich stellte mich beim britischen Presseoffizier Henry Ormond im getäfelten Verlegerzimmer des Anzeiger-Hochhauses vor und bekam im Oktober 1946 den Job bei ‚Diese Woche'. Dort baute ich das Archiv mit auf, eine Schreibmaschine und einen Atlas brachte ich von zu Hause mit. Nach einiger Zeit suchten wir einen neuen Namen für das Magazin. Alle versammelten sich bei uns im Archiv im sechsten Stock, weil es der größte Raum war, und mein Kollege Rudolf Augstein dachte laut über den Titel ‚Mirror' nach. Dann entschied er: ‚Daraus machen wir ‚Der Spiegel'.'"

Die Gebäude der Conti waren stark beschädigt.

DIE WIRTSCHAFT

Ruth Heuer, damals 13 Jahre alt

Weiße Kniestrümpfe aus „Contigarn"

„Wer Arbeit hatte, konnte sich glücklich schätzen: Die Industrieanlagen waren ja zerstört. Eine Stelle bekam man meist nur über Beziehungen. Der Vater meiner Freundin arbeitete bei Continental. Er brachte Baumwollgarn mit, das wohl für die Reifenherstellung gebraucht wurde. Daraus strickten wir weiße Kniestrümpfe. Da das Garn hart war, ließ es sich schwer stricken. Und wenn die Strümpfe gewaschen wurden, waren sie steif wie ein Brett. Erst nach dem Trocknen waren sie wieder einigermaßen weich. Man sprach offen von ‚Contigarn.'"

angelaufen, 1600 Mann arbeiteten in dem Werk, schrieb der „NHK": „Die Hanomag spielt wieder für den Ernährungssektor eine wesentliche Rolle."
Solche Triumphmeldungen erinnern heute an jene Rekorde, die später die DDR-Führung mit fast zwanghaftem Optimismus verkündete, während die wirkliche Wirtschaft am Boden lag. Für das Gros der Bevölkerung prägten nach dem Krieg noch auf Jahre Schwarzhandel und Tauschgeschäfte, Hamsterfahrten und Schlangestehen den Alltag: Fliegende Händler richteten in Trümmernischen kleine Stände ein und machten so die Große Packhofstraße zu einer Art Basarmeile. Und da die Brauereien keine Gerste verarbeiten durften, trank man notgedrungen Molkebier. Echtes „Friedensbier" gab es erst 1949 wieder – nachdem die Währungsreform das Wirtschaftswunder eingeläutet hatte.
Dabei nahmen hannoversche Firmen die Produktion 1945 überraschend schnell wieder auf, wenn auch teils auf Sparflamme. Viele Großbetriebe waren weniger stark zerstört, als es schien: Zwar waren 40 Prozent der Industriearbeitsplätze vernichtet, doch unterm Strich hatte es Fabrikanlagen weniger schlimm getroffen als Wohngebiete.

An der Podbi hatten in der Phase der Plünderungen Angestellte das eiserne Tor der Bahlsen-Fabrik bewacht, bis die Amerikaner diese Aufgabe übernahmen. Schon am 24. April bekam die Firma dann das begehrte „productionpermit", eine Produktionserlaubnis, welche die Alliierten vorzugsweise an ernährungswichtige Betriebe vergaben. Bahlsen stellte nun

Entwurzelte Menschen: In Nissenhütten am Bahnhof wurden Vertriebene bei der Ankunft notdürftig verköstigt.

täglich 2000 Weizenschrotbrote her – und produzierte für Kinder und Schwangere den Knäckebrotkeks „Rösta". Die Conti fertigte schon im Sommer in ihrem Werk in Limmer wieder Artikel für den medizinischen Gummibedarf. Und das Buna-Werk in Stöcken nahm bald die Produktion von Autoreifen auf. Das große Aufräumen und Reparieren ging überraschend schnell voran – auch dank der Einsatzbereitschaft der Mitarbeiter: „In der Identifikation der Beschäftigten mit ihren Betrieben lag eine der wesentlichen Kraftquellen für den nach der Währungsreform einsetzenden wirtschaftlichen Aufschwung", schrieb der Historiker Waldemar R. Röhrbein. Findige Mechaniker organisierten Steine und Mörtel, Sekretärinnen tippten wegen der Papiernot Anträge auf einen Telefonanschluss auf die Rückseite schon beschriebener Briefe.

Dennoch waren Anfang November 1945 erst 100 Firmen mit mehr als 50 Beschäftigten wieder in Betrieb. Im Sommer 1945 wurden nur noch 3009 Handwerksbetriebe in Hannover gezählt – im Jahr 1939 waren es 7472 gewesen. Das Baugewerbe, die mit 10000 Beschäftigten größte Gruppe, warb händeringend um Fachkräfte, da viele Maurer oder Zimmerleute noch nicht aus dem Krieg

Baubranche hatte Hochkonjunktur

„Ich hatte 1944 eine Lehre als Baukaufmann bei der Firma Schuppert angefangen. Eine gute Entscheidung: Nach dem Krieg begann ja der Wiederaufbau, da gab es viel zu tun. Ich war Einkäufer. Ein schwieriges Geschäft. Oft gab es keinen Zement, und Eisen gab es nur auf Bezugsscheine. Man musste viel organisieren. Ich war am Wiederaufbau vom Opernhaus und von Betrieben wie Continental und Pelikan beteiligt. Oft wurde auch sonnabends und sonntags gearbeitet. Die Baubranche hatte Hochkonjunktur."

Karl-Heinz Hunold, damals 16 Jahre alt

DIE WIRTSCHAFT

Carl Hahn (89), langjähriger VW-Chef

Schlagartig fand das Chaos ein Ende

„In Hannover hatte es vor dem Krieg weltweit agierende Unternehmen wie die Continental gegeben, doch deren Anlagen waren zu großen Teilen zerstört. Unmittelbar nach dem Krieg war praktisch jeder unternehmerisch aktiv – es gab dazu gar keine Alternative. Jeder musste sich mit ungewohnten Arbeiten über Wasser halten. Wirklichen Erfolg hatten alle Aktivitäten jedoch erst, als 1948 die D-Mark eingeführt und das System der Marktwirtschaft etabliert wurde. Plötzlich war Unternehmertum nicht mehr nur auf dem Schwarzmarkt möglich – und schlagartig fand das Chaos ein Ende. Danach galoppierte der Wiederaufbau."

heimgekehrt waren. Vergebens: In der Stadt gab es schlicht keine Wohnungen für Handwerker – und ohne Handwerker gab es niemanden, der Wohnungen baute. Nur langsam gelang es, diesen Teufelskreis aufzubrechen. Am stärksten litt die Industrie darunter, dass in Hannover nicht genug Energie zur Verfügung stand. Die Misburger Raffinerie lief zwar wieder, doch die Kohleversorgung stockte, damit gab es nicht genug Gas und Strom. Die Transportwege in den Ruhrpott waren abgebrochen. Zwar wurde der Bergbau im Deister wieder aufgenommen; die Briten versprachen Kriegsgefangenen, die unter Tage arbeiten wollten, die Freiheit. Doch all das konnte die Versorgungslücken nicht schließen.

Wenigstens hatten die Hannoveraner kaum unter Demontagen zu leiden. Die Alliierten vereinbarten zwar im August 1945 bei der Potsdamer Konferenz, deutsche Industrieanlagen abzubauen. Doch die Briten ließen selbst Rüstungsbetriebe wie die Hanomag ungeschoren. Sie fürchteten, eine Verelendung ihrer Zone könnte die Deutschen für den sowjetischen Sozialismus empfänglich machen.

Erst im Oktober 1947 legten sie eine Liste von 116 Betrieben in Niedersachsen vor, deren Anlagen demontiert werden sollten. Geräumt wurden etwa die Vereinigten Leichtmetallwerke in Laatzen, die im Krieg Flugzeugteile hergestellt hatten. Doch dabei erwiesen sich die Briten eher als Aufbauhelfer: Auf dem frei gewordenen Gelände der „Leichtmetall" eröffnete im August 1947 die erste Export-Messe.

Der Maschinenpark der Hanomag in Linden-Süd war teils zerstört.

Das Rathaus war fest in englischer Hand

Alliierte setzten unbelastete Deutsche an die Stadtspitze und ebneten den Weg zur Demokratie

Der Oberbürgermeister ging zu Fuß ins Rathaus. Jeden Morgen. Von Kleefeld aus. Und weil es sicherer war, ging Gustav Bratke den Weg am liebsten gemeinsam mit seinem Sozialdezernenten Carlo Nagel und dem Verwaltungsfachmann Albin Karl. Schließlich waren im Sommer 1945 Überfälle und Plünderungen an der Tagesordnung: „Wir hatten jeder einen Knüppel in der Hand, um uns notfalls wehren zu können", sagte Nagel später. Es dauerte, bis die Engländer Bratke einen Dienstwagen genehmigten.

Praktisch aus dem Nichts mussten Hannovers Stadtobere nach dem Krieg ein funktionierendes Gemeinwesen aufbauen. Der britische Major Lamb hatte am 11. April, nur Stunden nach dem Einmarsch der Alliierten, den Sozialdemokraten Bratke zum Oberbürgermeister ernannt. Als Bratke dem Briten danach die Hand reichen wollte, brachte er diesen damit in Verlegenheit: „Ich musste einen Vorwand finden, meinen Arm in Bewegung zu halten, bis er den seinen wieder senkte", erzählte Lamb später. Schließlich war immer noch Krieg. Und ein Händedruck mit einem Deutschen – das war nicht nur undenkbar, das war verboten.

Die Briten waren davon ausgegangen, dass Hannover längst evakuiert worden sei. Doch nun waren inmitten der Trümmer rund 217 000 Menschen zu versorgen. Zu Hunger und Wohnungsnot kamen Plünderungen durch befreite Zwangsarbeiter und bald auch der Zustrom von Flüchtlingen. „Es ist", schrieb der Kriegsberichtstatter Leonard O. Mosley angesichts der Problemfülle, „als ob man mit einer Wasserpistole einen Vulkan zu löschen versuchte."

Ein Brief aus dem Jahr 1946 wirft ein Schlaglicht darauf, wie desolat sämtliche Verwaltungsstrukturen in Deutschland waren. Das Schreiben der Berliner an die hannoversche Stadtverwaltung endet mit den Worten: „… wir stellen Ihnen anheim, dieses Schreiben nebst Anlagen zuständigkeitshalber an den Herrn Ministerpräsidenten Ihres Landes, dessen Anschrift uns leider nicht bekannt ist, weiterzugeben."

Major Lamb nahm 1945 als Stadtkommandant seinen Sitz im Rathaus ein – und machte sich daran, eine funktionierende Verwaltung aus unbelasteten Deutschen aufzustellen. Dabei setzten die Briten als erfahrene Kolonialherren auf ein System der „indirect rule". Bratke hatte mehrmals wöchentlich bei ihnen anzutreten, um Probleme zu besprechen. Die Aufgabenverteilung dabei war klar: „Wir ordnen an", erklärte ihm der Stadtkommandant, „Sie führen aus." Deutschen war es sogar verboten, auch nur direkt an die Militärverwaltung zu schreiben – sie sollten ausnahmslos den Weg über die deutschen Behörden gehen.

Schon am 11. April 1945 konstituierte sich unter Albin Karl ein „Ausschuß für Wiederaufbau", der ein ambitioniertes Zwölf-Punkte-Programm festlegte: Von „Sicherung der Feld- und

Ein SPD-Mann wird Oberbürgermeister: Gustav Bratke 1949 auf dem Balkon des Europa-Hauses am Kröpcke.

Gartenbestellung" reichte dieses über „Wiederaufnahme des Post- und Eisenbahnverkehrs" und „Neuregelung des Schulwesens" bis zur „Reorganisation des Kleinsiedlungswesens". Dann jedoch missfiel den Briten die Arbeit des Ausschusses – und dieser wurde kurzerhand verboten.

An der Verwaltungsspitze mussten belastete Männer wie Stadtbaurat Karl Elkart ihren Hut nehmen. Ihn ersetzte der Stadtplaner Otto Meffert, dem 1948 dann Rudolf Hillebrecht folgte. Kämmerer Wilhelm Weber und Stadtwerke-Chef Hermann Müller hatten vor 1933 liberalen Parteien nahegestanden, sie galten als unbelastet und durften bleiben. Der SPD-Mann Georg Lindemann wurde als Stadtdirektor der Stellvertreter Bratkes, und der Zahnarzt Carlo Nagel (ebenfalls SPD) wurde für Sozial-, Gesundheits-, Wohnungs- und Flüchtlingswesen zuständig. Mit Wilhelm Oppermann wurde bald noch ein weiterer SPD-Mann Schulsenator.

Im Rathaus gaben Sozialdemokraten den Ton an – und das blieb auch nach der ersten Kommunalwahl 1946 so. Die Briten, die Stück für Stück Parteien und Zeitungen zuließen, setzten schon eineinhalb Jahre nach dem Krieg viel Vertrauen in die Deutschen. Damals hielt Stadtkommandant Oberst Churchman eine fast freundschaftliche Rede: „Viele Probleme, die bislang von der Militärregierung gehandhabt wurden, werden jetzt an Sie herankommen", erklärte er, als am 26. Oktober 1946 der erste frei gewählte Rat zusammentrat: „Ich werde Ihre Arbeit mit Interesse und Sympathie verfolgen, und verstehen Sie mich bitte: Meine Offiziere und ich sind hier, um Ihnen zu helfen."

Der „Schuttexpress" rollt: Trümmerräumung am Engelbosteler Damm.

Eine warme Mahlzeit: Für viele Kinder gehörte die Schulspeisung noch lange zum Alltag – wie auf diesem 1947 in Laatzen aufgenommenen Bild.

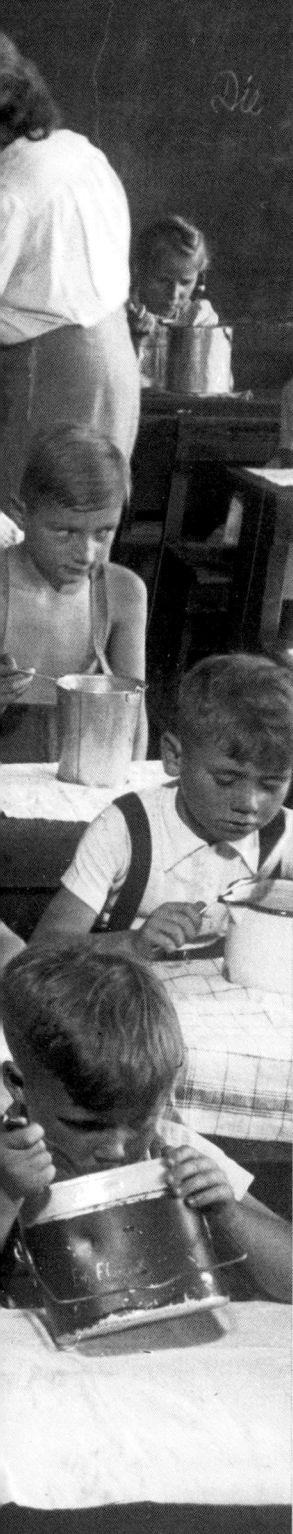

DIE SCHULE

Als die große Pause zu Ende ging

Nach Monaten **OHNE UNTERRICHT** begann im Spätsommer 1945 für die Kinder wieder die Schule. Unterrichtet wurde teils im Schichtsystem – und ohne Bücher.

DIE SCHULE

Für viele Schüler war es der längste Sommer ihres Lebens. Der regelmäßige Unterricht war oft schon in den letzten Kriegsmonaten den Luftangriffen zum Opfer gefallen, und die Engländer hatten nach ihrem Einmarsch alle Schulen geschlossen. Folglich fielen die Ferien im Sommer 1945 besonders lang aus. Bei aller existenziellen Not stromerten in den ersten Friedensmonaten viele Schüler durch die Trümmerlandschaften wie über einen gigantischen Abenteuerspielplatz: „Wir brachten Mauerreste zum Einsturz und suchten in Kellern nach Schätzen wie Einweckgläsern", erinnert sich der damals 14-jährige Jürgen Twiehaus: „Wie Katzen kletterten wir in den Ruinen herum. Das war gefährlich – aber spannend."

Die Engländer hatten die Schulen geschlossen, um Lehrer und Lehrpläne erst einmal zu entnazifizieren. Während ihre Offiziere noch nach unbelasteten Lehrkräften suchten, um diese zum „politisch-pädagogischen Schulungskurs" zu schicken, schwante den Briten, dass den unbeschulten Schülern die Verwahrlosung drohte: Im Juli befahl der Stadtkommandant, „die Kinder von der Straße in die Schulgemeinschaft zurückzuführen und sie wieder an eine geregelte Tätigkeit im Dienst der Allgemeinheit zu gewöhnen". Schüler mussten nun klassenweise Unkraut zupfen, Kartoffelkäfer sammeln oder Trümmer räumen: „Unsere wichtigste Aufgabe war es, Bombentrichter in der Eilenriede zuzuschaufeln", sagt Hans Krohne, der seinerzeit die Bürgerschule Edenstraße besuchte.

Auch die damals Zwölfjährige Ilse Köhler wurde mit Schuttstatt Schularbeiten betraut: „Wir mussten Steine putzen und stapeln", sagt sie. Nach einiger Zeit wurde eine Baracke auf dem Hof ihrer ausgebombten Volksschule in der Höfestraße aufgestellt: „Dort bekamen wir Hausaufgaben, die wir nach einer Woche wieder abgeben mussten – so ging viel Zeit ins Land, bis wir neue Schulräume bekamen."

In Hannover waren 39 Schulen völlig zerstört und 21 weitere beschädigt. Überdies waren in einigen Schulen Dienststellen einquartiert. Andere waren von befreiten Zwangsarbeitern besetzt: Aus Schulen am Schweriner Platz und in der Kestnerstraße mussten zunächst Polen

Ruth Heuer, damals 13 Jahre alt

Mit Mantel und Schal im Unterricht

„Meine Schule, die Elisabeth-Granier-Schule am Bonifatiusplatz, war ausgebombt, und ich musste in die Sophienschule. Dort hatten wir im Wechsel mit anderen Schulen Unterricht. Viele Fenster waren zugenagelt, wir saßen im Unterricht zum Teil mit Mantel und Schal bei geöffneten Fenstern. Mittags gab es die Schulspeisung: Erbsensuppe, Kekssuppe, Nudelsuppe oder Nudeln mit Tomaten. Schmeckte uns aber gut. Ein- oder zweimal im Monat gab es 50 Gramm Cadburry-Schokolade. Ich habe es nie geschafft, sie bis nach Hause zu bringen. Für meinen kleinen Bruder, der erst eineinhalb Jahre alt war, holten wir mittags aus unserer Kirchengemeinde Milchsuppe."

Volle Bänke: In der Waldorfschule am Maschsee begann der Unterricht am 1. Oktober 1945.

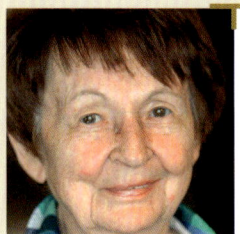

Gerda Reinhold, damals 14 Jahre alt

An Schreibpapier mangelte es permanent

„Alle Schulbücher aus dem Dritten Reich waren abzugeben. Wir hatten Schichtunterricht: Vor- oder nachmittags waren wir als Untermieter in der überfüllten Wilhelm-Raabe-Schule. Wir erarbeiteten den Stoff ohne Schulbücher – bei permanentem Mangel an Schreibpapier. Für Geschichte und Erdkunde mussten erst neue Richtlinien erlassen werden; das Dritte Reich und seine Vorgeschichte wurden ausgespart. Dafür gab es zaghafte Anfänge der Schülermitverantwortung: Jede Schule wählte einen Vertrauensschüler. Englische Schuloffiziere kontrollierten den Schulbetrieb: Es musste in lateinischer Schrift geschrieben werden, damit die Herren alles lesen konnten."

ausquartiert werden, ehe der Unterricht wieder beginnen konnte. „Oft waren Schulen mit ausgebombten Familien belegt", sagt Elisabeth Thielbörger, die damals in Ricklingen zur Schule ging. In ihrem Klassenzimmer waren zeitweise Kriegsgefangene untergebracht gewesen: „Als der Unterricht wieder begann, waren ihre Spuren noch an den Wänden zu sehen – gezeichnete Männerfantasien, die uns Schülern interessantes Anschauungsmaterial boten."

Im Juli berichtete der Direktor der Wilhelm-Raabe-Schule, Hans Roeder, der zum Schulrat ernannt worden war, Oberbürgermeister Gustav Bratke, dass drei wichtige Schulgebäude instand gesetzt seien: „Also gleich mit dem Unterricht anfangen, sonst wird noch mehr Inventar geklaut", forderte Bratke. Doch die Briten bremsten: Es sollten nur Lehrer unterrichten, deren politische Gesinnung genau unter die Lupe genommen worden war.

Besonders früh bemühten sich Anthroposophen und Katholiken bei den Briten um die Genehmigung, Schulen eröffnen zu dürfen: Die Waldorfschule durfte schließlich in die zerstörte Hindenburg-Jugendherberge am Maschsee einziehen: Ein großes Gemälde marschierender Hitlerjungen am Giebel wurde rasch übertüncht. Die St.-Ursula-Schule nahm den Betrieb zunächst in der List wieder auf, später bekam sie Räume

Kindheit nach dem Krieg: In den Trümmern der Calenberger Neustadt spielten Kinder eine Hochzeit nach.

DIE SCHULE

Utta-Ingrid Lukat, damals 5 Jahre alt

Federhalter und Tinte besaß niemand

„Ich wurde in Rössing eingeschult. Acht Jahrgänge saßen in einem Klassenzimmer, insgesamt 54 Kinder. Mein erstes Schreibheft bekam ich erst später: Es war aus rauem Papier mit Holzeinschlüssen gefertigt und hatte keine Linien. Schon deshalb verbot sich der Gebrauch von Federhalter und Tinte. Dieser wäre aber auch gar nicht möglich gewesen, weil fast niemand in meiner Klasse Federhalter und Tintenfass besaß. Mein Großvater versah das Heft mit Linien und ermahnte mich, mit meinem Bleistift nicht so fest aufzurücken, damit man alles ausradieren und noch einmal beschreiben konnte."

neben der St.-Heinrichs-Kirche in der Südstadt.
Am 20. August beginnt der Unterricht an den ersten Volksschulen in Badenstedt, Bothfeld, Wülfel und Kirchrode. Mitte September werden bereits 5000 Kinder an acht Schulen unterrichtet. Die höheren Schulen nehmen den Betrieb erst am 1. Oktober wieder auf. Für sie sind nur drei Gebäude verfügbar: Wilhelm-Raabe-, Sophien- und Humboldtschule. Jedes der Gebäude teilen sich vier Schulen. Die Stundenzahl ist reduziert, unterrichtet wird bis in die Fünfzigerjahre vor- und nachmittags in Schichten. „In den Pausen wurde über den Schulhof ein Seil gespannt, um die Jungenklassen von den Mädchenklassen zu trennen", sagt Ingeborg Voß, die damals im Gebäude der Wilhelm-Raabe-Schule unterrichtet wurde.

Bei aller Wahrung von Zucht und Sitte läuft der Unterricht oft chaotisch ab: „Schulbücher gab es nicht, unsere alten hatten wir abgeben müssen", berichtet die damals zehnjährige Elisabeth Thielbörger: „Sie waren vernichtet worden, denn ihr Inhalt war nationalsozialistisch geprägt." Hefte und Stifte sind ebenfalls Mangelware. Viele Kinder hocken in düsteren Klassenzimmern, weil die Fenster vernagelt sind. Im Winter sitzen sie in Mantel und Handschuhen da: Brennstoff zum Heizen gibt es nur, wenn sie selbst Holz oder Briketts mitbringen.
Hermann Hinsch besuchte damals die Bismarckschule. Genauer: Die in der Wilhelm-Raabe-Schule einquartierte Bismarckschule. „Einer unserer Lehrer betrieb einen ausgedehnten Tauschhandel", sagt er: „Jeden Tag forderte er

Der Spieltrieb der Kinder trotzte in der Nachkriegszeit dem Elend: Im DRK-Flüchtlingsheim in Benthe bastelten sich Jungen aus alten Teilen ein neues Fahrrad.

uns auf, die Eltern zu fragen, wer etwas einzutauschen hat – Bestecke, Geschirr, Werkzeug, Schmuck – und wer Lebensmittel liefern kann."

Immer wieder leiden Kinder unter Krätze oder Läusen. Die Schule in der Badenstedter Straße muss zeitweise wegen Wanzenbefalls wieder geschlossen werden. Außerdem sind viele Schüler unterernährt und anfällig für Krankheiten – die Schulspeisung ist für sie ein Segen. Und die Lehrer haben viel zu tun: Nach einer Erhebung vom Mai 1948 kommen auf eine Lehrkraft in Hannover 67,4 Schulkinder.

Zu den wichtigsten Kriegszielen der Briten hatte die Umerziehung gehört: Die Schulen sollten vom NS-Ungeist gesäubert, die Kinder zu Demokraten erzogen werden. Gleichwohl ließen die Engländer vieles im Bildungssystem beim Alten. Und sie ließen die Deutschen machen: Bildungspolitiker wie Adolf Grimme prägen die Neuausrichtung der neuen Lehrpläne, deutsche Beamte entwarfen pädagogische Reformpläne. Immerhin bauten die Bildungspolitiker den Englischunterricht aus: In der Britischen Zone war das eine zukunftsweisende Entscheidung.

In der Schule fing alles bei Null an

„Ich meldete mich in der Humboldtschule zurück. Fremdarbeiter, die dort untergebracht waren, hatten alles vernichtet: die Steinsammlungen, die großen Bildtafeln, Landkarten und elektrische Geräte. Als die Schule wieder losging, fing alles bei Null an. Wir lernten Englisch aus Tageszeitungen und Tarzan-Comics, hatten Schreibpapier, das keins war, und Tinte, die sich durch alles hindurchfraß. Für uns gab es eine Schulspeisung, denn der Hunger war unser ständiger Begleiter."

Ernst Rohner, damals 16 Jahre alt

Ein Bogen und viele offene Fragen

Einige Nazis verloren nach dem Einmarsch der Alliierten ihre Jobs – sonst passierte wenig

Bis heute lässt sich erahnen, dass hier einst ein Hakenkreuz prangte: Eine verräterische Leerstelle ist dort, wo es 1945 ausgemeißelt wurde, an der Säule des Fackelträgers am Maschsee zu sehen. Überall in der Stadt verschwanden damals NS-Symbole. Schon im Mai bekamen 30 Straßen ihre alten Namen zurück: Die „Straße der SA" hieß nun wieder Lange Laube. Und am 16. Oktober wurde das Ehrenmal am Maschsee-Nordufer eingeweiht. Die „Denazification" war erklärtes Ziel britischer Besatzungspolitik – doch auf die Schnelle ließ diese sich nur realisieren, wo es um solche Äußerlichkeiten ging: In Hannover war die NSDAP bei der Kommunalwahl am 12. März 1933 mit 41,9 Prozent stärkste Kraft geworden. Zwölf Jahre darauf gab es kaum jemanden in der Stadt, der mit ihr sympathisiert haben wollte.

Die Briten lösten die NS-Organisationen auf und verhafteten einige Funktionäre. Am 22. April verlangten sie von Oberbürgermeister Gustav Bratke eine personelle Säuberung: Rigoros sollten alle NSDAP-Mitglieder aus der Stadtverwaltung entlassen werden. Bratke, selbst Sozialdemokrat, hatte unter den Nazis gelitten – und mahnte dennoch zur Mäßigung: Erstens befürchtete er, ein zu rigides Vorgehen könnte die Verwaltung lahmlegen. Und zweitens sah er in der Parteimitgliedschaft allein kein taugliches Kriterium, um Schuld festzustellen.

Die ehemaligen Widerständler um Bratke, die nun an der Spitze der Stadt standen, pochten in einem Memorandum an den Stadtkommandanten darauf, nur jene zu schassen, die schon vor 1933 in einer NS-Organisation gewesen waren – und jene, die vom Unrechtssystem profitiert hatten, womöglich auch ohne formale Mitgliedschaft. Am 24. März 1947 berichtete Bratke schließlich, dass von rund 9600 Bediensteten der Stadt 3359 in der NSDAP gewesen waren. Von diesen habe man 1250 entlassen – also 38 Prozent der NSDAP-Mitglieder oder 14 Prozent aller Mitarbeiter.

Die Entnazifizierung betrachteten die Briten ansonsten eher als deutsche Selbstreinigung unter ihrer Aufsicht: Mittels eines Fragebogens, der 131 Punkte umfasste, sollten alle Deutschen zwischen 18 und 65 Jahren erfasst und in fünf Kategorien vom „Entlasteten" bis zum „Hauptschuldigen" eingeteilt werden. In Hannover begann im Mai 1946 ein Hauptausschuss – später wurden bis zu 50 Unterausschüsse gegründet – mit der Arbeit daran.

Der bürokratische Gewaltakt scheiterte grandios: In schlechter deutscher Tradition wurden auch Unschuldige denunziert. NS-Bonzen hingegen ließen sich „Persilscheine" ausstellen – Gefälligkeitsgutachten, die ihnen eine weiße Weste verschafften. Wer als belastet galt, lief Gefahr, keine Stelle im öffentlichen Dienst zu bekommen. Doch in der Praxis erwies es sich fast als unmöglich, anhand schematischer Kriterien zwischen Tätern, Mitläufern und Opfern zu unterscheiden: Ein Mann beteuerte, dem SS-Reitersturm nur beigetreten zu sein, um seine „tierärztlichen Kenntnisse auf dem Gebiet der Pferdekunde zu vertiefen". Eine entlassene

Stenotypistin der Verwaltung schwor, in der NS-Frauenschaft nur „volkstümliche Lieder mit alten Frauen" gesungen zu haben.

Ein Sonderausschuss nahm bis zum März 1946 mehr als 13 000 Wirtschaftsbetriebe mittels Fragebögen unter die Lupe. Die Konsequenzen waren überschaubar: Nur 3,5 Prozent der Geschäftsführer wurden von ihren Posten entfernt. Nach den Kommunalwahlen im Herbst 1946 wurden die Ausschüsse dann nach Parteiproporz besetzt. Die Bürgerlichen wollten nun mehr Milde gegenüber Mitläufern walten lassen, die SPD hingegen setzte auf eine „durchgreifende Säuberung", auch „zur Sicherung der geplanten Vergesellschaftung".

Am Ende war es in der Bevölkerung parteiübergreifend Common Sense, dass es bei der groß angelegten Entnazifizierung vor allem ungerecht zugegangen sei: „Der harmlose Briefträger ist unter die Räder gekommen", monierte die sozialdemokratische „Hannoversche Presse" 1949, „der Kreisleiter und typische Parteibuchbeamte sonnt sich im Glanze persilgebleichter Unschuld".

Verräterische Leerstelle: Hier prangte ein Hakenkreuz an der Säule des Maschsee-Fackelträgers.

Unterricht in der Nachkriegszeit: Die Klassenzimmer waren – wie hier 1949 in der Volksschule Edenstraße – oft überfüllt.

Nachkriegsweinacht: In einem DRK-Heim versammelte sich eine Flüchtlingsfamilie aus dem Osten um einen kargen Baum.

DAS WEIHNACHTSFEST

So viel Weihnachten war nie

Die Menschen froren im ersten Nachkriegswinter, das Elend der Ausgebombten und Vertriebenen war groß – und doch war Weihnachten zum ersten Mal seit Jahren wieder **EIN WAHRES FRIEDENSFEST**.

Es sind oft kleine Dinge, die sich einprägen. Doch häufig behält man gerade jene kleinen Dinge in Erinnerung, in denen sich die großen Dinge spiegeln. Wie bei der Schokolade, die dem Kind nach dem Krieg als besondere Kostbarkeit erschien: „Jeder bekam zu Weihnachten eine kleine Tafel", erinnert sich der damals sechsjährige Lutz Caspers. Er hängte sein Täfelchen über sein Bett: „Dort blieb sie meiner Erinnerung nach ewig hängen – vermutlich waren es in Wirklichkeit nur ein oder zwei Tage."

In Lutz Caspers Familie wurde fotografiert. Ein Farbbild zeigt seinen Bruder Wulf Peter unter einem Baum, der heute eher spärlich illuminiert anmutet: „Im Jahr 1945 waren die Lichter im Wohnzimmer der Zauber von Weihnachten", sagt Caspers. „Und vor allem war endlich unser Vater zurückgekehrt und konnte wieder mit uns feiern."

Viele, die Weihnachten 1945 bewusst erlebten, behielten es in Erinnerung als das Fest der Feste: So viel Weihnachten war nie. Vielleicht liegt das daran, dass tiefer Frieden und bittere Armut nie wieder so dicht beieinander lagen wie 1945.

Zum Weihnachtskitsch der heutigen Wohlstandsgesellschaft gehört es ja, die Stall-von-Bethlehem-Armut zu idyllisieren. Im Jahr 1945 hingegen war die Not real: Wohlfahrtsverbände riefen zu Spenden für Flüchtlinge auf. Ausgebombte saßen frierend in den Trümmern ihrer Häuser, traumatisierte Vertriebene vegetierten in trostlosen Notunterkünften vor sich hin. Viele vermissten ihre Angehörigen und trauerten um Gefallene. Und doch war es das erste Weihnachten ohne Bombenkrieg und Luftschutzkeller. Ein Friedensfest im wahren Sinne des Wortes, bei dem die altvertrauten Weihnachtslieder in Ruinen erklangen und den Menschen ein Stück Vertrautheit schenkten.

So gut es ging, inszenierten die Hannoveraner 1945 weihnachtliche Normalität: Sie schickten Pakete (bis fünf Kilo, für 45 Reichspfennig) an Kriegsge-

Elisabeth Thielbörger, damals 10 Jahre alt

Das größte Geschenk: Der Vater lebt

„Einerseits sah es Weihnachten 1945 recht trübe aus: kaum etwas zum Heizen und wenig zu essen. Andererseits lebte man endlich ohne Angst vor Sirenengeheul und Bombergedröhn. Geschenke zu beschaffen erwies sich als äußerst schwierig. Mein Bruder und ich überlegten, was wir unserer Mutter schenken konnten. Ich bastelte ein kleines Geschenk aus Tonpapier, nur war kein Klebstoff aufzutreiben. So verfuhr ich nach bekanntem Rezept: Mehl mit Wasser zu einem dicken Brei verarbeiten. Der musste die Dinge dann zusammenhalten. Das größte Geschenk war allerdings die Nachricht, dass mein Vater lebte. Aus einem Gefangenenlager in Südfrankreich hatte er uns kurz vor Weihnachten ein Lebenszeichen geschickt. Das war nach einem Dreivierteljahr bangen Wartens eine ungeheure Erleichterung!"

Frauen vom Roten Kreuz versorgten Kinder auch im Hungerwinter 1946/47 mit Lebensmitteln.

Ernst Rohner, damals 16 Jahre alt

Fünf Apfelsinendrops zu den Festtagen

„Der letzte Tag der Schulspeisung fiel auf den Heiligen Abend. Es gab Vanillepuddingsuppe mit getrockneten Aprikosen – und wegen der Festtage fünf Apfelsinendrops in einem kleinen Tütchen. Zu Hause herrschte schon Aufregung. Meine Geschwister, viel jünger als ich, warteten unruhig. Meine Mutter hatte mit dem mageren ‚Vorrat' aus der Speisekammer doch noch etwas zusammengezaubert. Da holte ich das kleine Tütchen mit den Drops hervor, nahm eins heraus und verteilte die restlichen vier an meine Geschwister. Das war ein Jubel!"

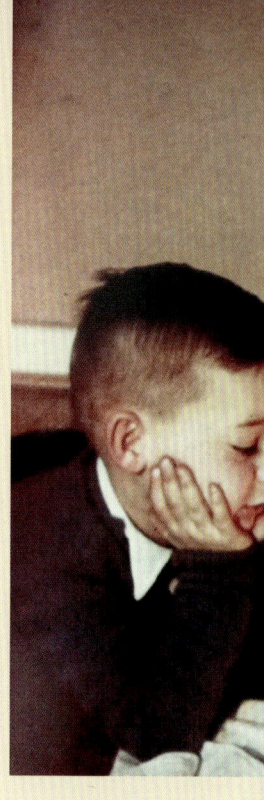

Bei Familie Caspers gab es 1945 einen – wenn auch karg geschmückten – Weihnachtsbaum.

fangene. Im Ballhof wurde für Kinder das Weihnachtsmärchen „Schneeweißchen und Rosenrot" gespielt. Jedes Kind unter zehn Jahren bekam in der britischen Zone ein halbes Pfund Süßigkeiten zugeteilt. Die Brotrationen wurden gekürzt, damit Großbäckereien wie Bahlsen oder Harry Mehl hatten, um Kekse für die Kinder zu backen.

In Wunstorf stellte man gleich am ersten Adventssonntag eine Weihnachtstanne vor der Stadtkirche auf. Jubel brach los, als die 75 Kerzen feierlich entzündet wurden. Kerzen waren damals Mangelware. Trotzdem wurde mancher Christbaum feierlich geschmückt: „Wir schnitten Lametta aus den Stanniolstreifen, die Flugzeuge während der Luftangriffe abgeworfen hatten, um die Radarabwehr zu stören", erinnert sich die damals 13-Jährige Ruth Heuer. In der Regel wanderten die Weihnachtsbäume bald nach dem Fest als Brennholz in den Ofen – so wärmten sie nicht nur das Herz, sondern auch die Hände.

Im Lager Bemerode waren hinter Stacheldraht rund 3000 deutsche Kriegsgefangene untergebracht, die zu Arbeitseinsätzen herangezogen wurden. Aus Holzresten bastelten diese im Advent Spielsachen für mehr als 500 Kinder von Gefallenen oder Flüchtlingen – Holzenten, Mickymäuse und Schaukelpferde. Bei einer Weihnachtsausstellung verteilten die Gefangenen diese – und brachten für die Kinder, die bei dieser Gelegenheit das Lager besuchen durften, „Hänsel und Gretel" auf die Bühne. Die Gefangenen selbst sollten Weihnachten auch nicht leer ausgehen: „Überall wird ein

Christbaum stehen, ein gutes Essen wird es geben, eine größere Rauchwarenzuteilung ist vorgesehen", schrieb der „Neue Hannoversche Kurier".

Das Nachrichtenblatt der Alliierten Militärregierung berichtete auch über die Weihnachtsvorbereitungen im Lazarett am Maschsee: Hier, wo noch immer Verwundete lagen, teils mit entstellten Gesichtern, waren die Räume ebenfalls mit Adventskränzen und Tannengrün geschmückt. Kinder brachten den Kriegsversehrten Körbchen mit Keksen vorbei, sangen Weihnachtslieder – und es gab Geschenke. Einer der Verwundeten wurde vor die Tür kommandiert, um 89 Pakete zu bewachen: „Vergiss den Stahlhelm nicht!", riefen ihm seine Kameraden nach – das „Postenschieben" der Kriegszeit lag noch nicht lange zurück.

Gleichwohl präsentierten sich die Feinde von gestern schon als neue Freunde: Im Luftschutzbunker Am Listholze, wo noch vor Monaten Menschen bei Bombenangriffen Todesängste ausgestanden hatten, gab es jetzt einen Weihnachtsmarkt – und der britische Militärgouverneur Colonel Hume hielt die Eröffnungsrede:

Leichtmetallröhre mit Stearin gefüllt

„Als mein Vater mit dem Weihnachtsbaum kam, rief meine Mutter: ‚Na, da haste ja ne Zwutsche angebracht.' Mein Vater daraufhin: ‚Nun lass man, Grete, das mach ich schon!' Mit einem Bohrer wurden etliche Zweige umgesetzt, immer mit dem Hinweis: ‚Da aber nichts dranhängen!' Für die Kerzen hatten meine Eltern Stearin aufgetrieben. Vater hatte eine Leichtmetallröhre im Kerzenformat angefertigt, da wurde es hineingegossen. Doch als die letzte Kerze angezündet war, gab die erste schon den Geist auf."

Schnee fiel auf die Ruinen am Kröpcke.

Edith Meyfarth, damals 11 Jahre alt

**Helga Fredebold,
damals
19 Jahre alt**

Heiligabend war die Kirche brechend voll

„Ich erinnere mich noch, dass wir Heiligabend in der Dreifaltigkeitskirche waren. Sie war brechend voll, wie alle der wenigen Kirchen, die nicht zerstört waren. Wir standen auf der Empore. Es war sehr kalt und es flossen viele, viele Tränen der Trauer, der Dankbarkeit und der Rührung. Unseren Tannenbaum schmückten wir daheim mit jenen Christbaumkugeln, die – Ironie des Schicksals – als Einziges den schrecklichen Luftangriff in der Nacht zum 9. Oktober 1943 überstanden hatten, weil sie im Keller waren. Einige davon habe ich heute noch, und jedes Jahr vor Weihnachten habe ich sie wieder in der Hand. Sie sind schäbig geworden und haben allen Glanz verloren. Aber sie sind eine Erinnerung an unser altes Zuhause."

Er erklärte, dass Engländer und Deutsche nun gemeinsam den Kampf gegen den Winter aufgenommen hätten. Es gebe schon genug Unglück in der Welt, sagte Hume, da sei so ein Weihnachtsmarkt eine gute Sache.

Bei der Ausstellung im Bunker gab es Marionettentheater, ein großes Knusperhäuschen und elektrische Eisenbahnen zu sehen: Mehr als 60 000 Kinder, viele von den Briten mit Lastwagen aus umliegenden Dörfern geholt, besuchten die Schau, die sich „Der bunte Baum" nannte. An (eher spärlich bestückten) Ständen boten Händler ihre (oft überteuerten) Geschenkartikel feil: Ein Verkaufsschlager waren farbige Duftwässerchen und Wundermittel, mit denen sich getrocknete Pflanzen angeblich zu Tabak fermentieren ließen. „Der bunte Baum" war auch ein propagandistisches Event; der Weihnachtsmarkt verhieß einen Wohlstand, den es noch längst nicht gab. Gleichwohl wehte hier bereits der Geist der neuen Zeit: In seiner Eröffnungsrede hielt Regierungspräsident Wilhelm Ellinghaus ein flammendes Plädoyer für den Frieden. Nie, nie, nie wieder dürften Mütter ihren Kindern Kriegsspielzeug in die Hand geben, forderte er. Und alle Mütter der Welt müssten sich unter einem Ruf vereinen: „Die Waffen nieder – für immer und in alle Ewigkeit!"

Im Osterwald griffen Frauen zur Säge, um Brennholz für Hannover zu besorgen.

Als Kohlenklauen Volkssport war

In den eisigen Nachkriegswintern war Brennstoff knapp – und die Eilenriede kam ins Haus

Es gibt ein altes Foto, auf dem er sich wiederentdeckt hat. Zufällig, nach Jahrzehnten. In einem Bildband des legendären hannoverschen Fotografen Heinz Koberg über die Nachkriegszeit. Auf dem Foto hat er die Lammfellhandschuhe an, die sein Vater als Soldat in Norwegen getragen hatte. Im Kreise seiner Kumpels steht er oben auf einem Eisenbahnwaggon voller Kohlen. „Die dickeren Kinder, die den Waggon nicht so schnell entern konnten, blieben unten und sammelten auf, was wir herunterwarfen", sagt Manfred Rothenbusch.

Er war 13 Jahre alt, und an jenem Tag, an dem sie im Bismarckbahnhof Kohlen vom Zug klauten, war es bitterkalt: „Wir hatten minus 15 Grad, in unserer Wohnung gefror das Kondenswasser an der Wand." Als er seine Beute heimbrachte, fragten seine Eltern, fromme Baptisten, ob er die Kohlen auch nicht gestohlen habe. „Nur aufgesammelt!", log er. Aufsammeln war erlaubt.

Die harten Nachkriegswinter machten eine ganze Generation von Kindern zu Kohlendieben. Da nicht genug Ruhrkohle geliefert werden konnte, war der Brennstoffmangel in Hannover bald dramatisch – und Kohlenbeschaffung wurde zum Volkssport. „Wir zogen mit einem Handwagen zum Mittellandkanal", sagt der damals siebenjährige Horst Hägerich. Per Kran wurden dort Kohlenschiffe entladen. Dabei fielen oft Stücke durch den Greifer: „Wir stürzten uns dann alle darauf, um etwas zu ergattern."

Schon im November 1945 hatte Colonel Petterson, Wirtschaftsoffizier der Militärregierung, die Deutschen in einer Rede vor der Wirtschaftskammer auf eine „Winterschlacht" eingeschworen: „Wir treten in eine äußerst kritische Phase", sagte er, „die für Hunderte und sehr wahrscheinlich auch für Tausende tragisch sein wird."

Tatsächlich gibt es im Winter Gas zeitweise nur für eine halbe Stunde täglich. Auf dem Land bekommen Vertriebene Holzmengen zugeteilt. Um Hannover mit Brennholz zu versorgen, lassen die Briten bei der „Aktion Woodpecker" in Harz und Deister große Waldflächen abholzen. Dennoch frieren die Menschen erbärmlich: „In unserer Schule konnte man nicht durch die Fensterscheiben sehen – sie waren von einer dicken Eisschicht überzogen", erinnert sich die damals zehnjährige Elisabeth Thielbörger: „Wir saßen dick eingemummelt mit Strickmützen im Klassenzimmer." Vor dem Unterricht mussten die Kinder erst Turnübungen machen: „Arme hoch, runter, zur Seite, Kniebeugen, auf der Stelle trampeln – danach war uns nicht mehr ganz so kalt, die Hände wurden fürs Schreiben geschmeidiger. Und irgendwann kam der Hausmeister mit seinem Kohlenschütter in die Klasse und ließ geräuschvoll die Kohlen in den runden Eisenofen rutschen."

Besonders dramatisch wird die Situation im Winter 1946/47: Schulen bleiben für Monate geschlossen, Ämter öffnen nur sporadisch, selbst Krankenhäuser haben kaum Kohle, um zu heizen. Die Kälte fordert Todesopfer: Allein im Januar 1947 registrieren die Ärzte innerhalb von sechs Tagen zwölf tödliche Lungenentzündungen, zwei tote Säuglinge und rund 1200 Patienten mit Erfrierungen. Die Stadt erlaubt den Bürgern, sich Holz aus dem Stadtwald zu holen. „Die Eilenriede kommt ins Haus", titeln die „Hannoverschen Neuesten Nachrichten". Doch all das reicht nicht aus, um Hannover zu beheizen – und so machen das Wetter und die Verhältnisse den „Kohlenklau" zur lässlichen Sünde.

„Nur aufgesammelt!":
Manfred Rothenbusch
(stehend, mit Mütze)
als Kind beim
Kohlenklauen –
und heute.

Verschneite Stadt: der Beginenturm im „Hungerwinter" 1946/47.

Fotoverzeichnis

Der Einmarsch
S. 8: HAZ-Archiv. S. 10: Surrey. S. 11: HAZ-Archiv. S. 12: privat. S. 13: HAZ-Archiv. S. 14: Surrey. S. 15: HMH 009777. S. 15 (klein): privat.

Die Plünderung
S. 17: HAZ-Archiv. S. 18: HMH 000880 (Die Abkürzung HMH steht für Historisches Museum Hannover).

Die Briten
S. 20: HMH 000419. S. 22: privat. S. 23 (klein): privat. S. 12: privat. S. 23: Hauschild-Archiv. S. 24: Eberstein. S. 25: Hauschild-Archiv. S. 25 (klein): privat. S. 26 (klein): Eberstein. S. 27: Schaarschmidt. S. 25 (klein): privat.

Das Chaos
S. 29: HAZ-Archiv. S. 30: Hauschild-Archiv.

Die Trümmer
S. 32: Hauschild-Archiv. S. 34 (klein): Eberstein. S. 35: HAZ-Archiv. S. 36 (klein): privat. S. 37: HAZ-Archiv. S. 38 (klein): privat. S. 39: HMH 004680. S. 39 (klein): privat.

Das Räumen
S. 41: HAZ-Archiv. S. 42: Hauschild-Archiv.

Der Hunger
S. 44: HMH 001612. S. 46: (klein): privat. S. 47: Hauschild-Archiv. S. 48 (klein): Schaarschmidt. S. 49: HMH 023416. S. 50 (klein): privat. S. 51: Hauschild-Archiv. S. 51 (klein): privat.

Der Schwarzmarkt
S. 53: Hauschild-Archiv. S. 54: HMH 001610.

Die Kultur
S. 56: HMH 037901. S. 58 (klein): privat. S. 59: HAZ-Archiv. S. 60 (klein): privat. S. 61: Repro Benne (3). S. 61 (klein): Krajinovic. S. 61 (Eintrittskarte): HMH 060384. S. 62 (klein): privat. S. 62 (Tasch): Surrey. S. 63: HMH 004753.

Die Liebe
S. 65 (Wiechert): HAZ-Archiv. S. 65 (Plakat): Stadtarchiv. S. 66: HMH 004744.

Die Vertriebenen
S. 68: HMH 002740. S. 70 (Scholz): privat. S. 70: Krajinovic. S. 71: Hauschild-Archiv. S. 72 (klein): Krajinovic. S. 73: Hauschild-Archiv. S. 74 (klein): privat. S. 75 (klein): Krajinovic. S. 75: HMH 018118.

Die Lager
S. 77: Hauschild-Archiv. S. 78: Hauschild-Archiv.

Die Wirtschaft
S. 80: HAZ-Archiv. S. 82 (klein): Kutter. S. 83: HAZ-Archiv. S. 84 (klein): privat. S. 85 (klein): Kutter. S. 85: HMH 001627. S. 86 (klein): privat. S. 87: HMH 030843.

Die Verwaltung
S. 89: Hauschild-Archiv. S. 90: HMH 000507.

Die Schule
S. 92: Hauschild-Archiv. S. 94 (klein): privat. S. 95: HAZ-Archiv. S. 96 (klein): Kutter. S. 97: HMH 015880. S. 98 (klein): privat. S. 99: Hauschild-Archiv. S. 99 (klein): Kutter.

Die Entnazifizierung
S. 101: HAZ-Archiv. S. 102: Hauschild-Archiv.

Das Weihnachtsfest
S. 104: HAZ-Archiv. S. 106 (klein): Kutter. S. 107: Hauschild-Archiv. S. 108 (klein): Kutter. S. 108 (Caspers): privat. S. 109: HAZ-Archiv. S. 109: Kutter. S. 110 (klein): privat. S. 111: HMH 020182.

Die Winterkälte
S. 113 (klein): Surrey. S. 113: HAZ-Archiv. S. 114: HMH 060765.

Der Autor

Simon Benne, geboren 1970, studierte Deutsch und Geschichte in Göttingen und Bologna. Seit 2002 beschäftigt er sich als HAZ-Redakteur immer wieder mit der Historie Hannovers. Er lebt mit seiner Frau und vier Kindern in Laatzen.

Literatur zum Thema

Th. Grabbe, R. Hollmann, K. Mlynek: Wege aus dem Chaos - Hannover 1945-1949. Ernst Kabel Verlag. Hamburg 1985.

Heinz Koberg: Hannover 1945 - Zerstörung und Wiedergeburt. Bilddokumente eines Augenzeugen. Schlütersche Verlagsanstalt. Hannover 1985.

Klaus Mlynek, Waldemar R. Röhrbein (Hg.): Geschichte der Stadt Hannover, Bd. 2. Schlütersche Verlagsanstalt. Hannover 1994.

Klaus Mlynek, Waldemar R. Röhrbein (Hg.): Stadtlexikon Hannover. Schlütersche Verlagsgesellschaft. Hannover 2009.

Dieter Tasch: Hannover zwischen Null und Neubeginn. Leuenhagen & Paris. Hannover 1985.

Andreas Urban u. a.: Stadtbilder - Zerstörung und Aufbau - Hannover 1939-1960. Begleitbuch zur Ausstellung im Historischen Museum Hannover. Hannover 2013.

Impressum

© MADSACK Medienagentur GmbH & Co. KG
August-Madsack-Straße 1
30559 Hannover

2. Auflage: Januar 2016

Autor: Simon Benne
Gestaltung, Art Direction: Florian Knabe
Lektorat, Satz: zu Klampen Verlag, Springe
Projektleitung: Susann Heller
Druck: Göttinger Tageblatt GmbH & Co. KG, Dransfelder Straße 1, 37079 Göttingen
ISBN: 978-3-940308-93-1